Plein air
et art de vivre

125 séjours épicuriens au Québec

ULYSSE

Auteur Thierry Ducharme

Direction éditoriale Olivier Gougeon

Conception graphique et mise en page Pascal Biet

Infographie Marie-France Denis, Annie Gilbert, Philippe Thomas

Correction Pierre Daveluy, Marie-Josée Guy

Recherche iconographique Nadège Picard

Photographies
Page couverture: dégustation de vin au grand air,© Dreamstime.com/Vatikaki;
quiétude du parc national du Bic, © Sépaq, Mathieu Dupuis.
Quatrième de couverture: escapade à vélo, © iStockphoto.com/Alan Lemire;
kayak de mer en Minganie et équitation dans le parc régional du Massif du Sud, © Thierry Ducharme;
raquetteurs, © Parc national de la Yamaska, Sépaq, Jean Sylvain.
Pages intérieures: voir p 272.

L'auteur tient à remercier tous les gens ayant contribué de près ou de loin à cet ouvrage, par leur précieuse collaboration, leurs pertinentes informations ou leur accueillante et chaleureuse participation.

Un grand merci aussi à Geneviève Bouchard, car «derrière chaque grand projet, il y a une grande dame!»

Guides de voyage Ulysse reconnaît l'aide financière du gouvernement du Canada par l'entremise du Programme d'aide au développement de l'industrie de l'édition (PADIÉ) pour ses activités d'édition.

Guides de voyage Ulysse tient également à remercier le gouvernement du Québec – Programme de crédit d'impôt pour l'édition de livres – Gestion SODEC.

Guides de voyage Ulysse est membre de l'Association nationale des éditeurs de livres.

Catalogage avant publication de Bibliothèque et Archives nationales du Québec et Bibliothèque et Archives Canada

Ducharme, Thierry, 1977-
   Plein air et art de vivre : 125 séjours épicuriens au Québec
   (Espaces verts)
   Comprend un index.
   ISBN 978-2-89464-841-4

   1. Loisirs de plein air - Québec (Province) - Répertoires. 2. Hébergement touristique - Québec (Province) - Répertoires. 3. Restaurants - Québec (Province) - Répertoires. 4. Québec (Province) - Guides I Titre. II. Collection: Espaces verts Ulysse.
GV191.46.Q8D82 2009   796.5025'714   C2008-942313-5

© Guides de voyage Ulysse inc.
Tous droits réservés
Bibliothèque et Archives nationales du Québec
Dépôt légal – Deuxième trimestre 2009
ISBN 978-2-89464-841-4
Imprimé au Canada

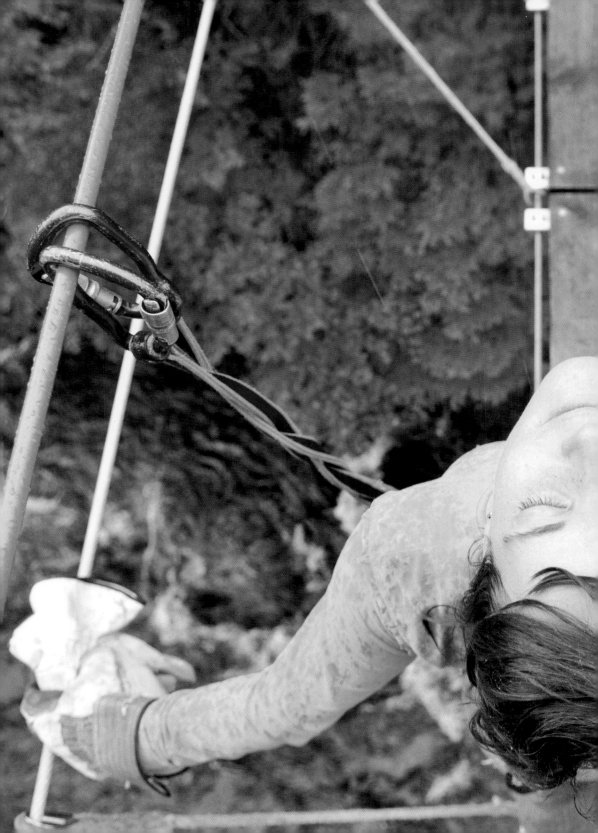

*D*u fleuve Saint-Laurent aux montagnes des Laurentides en passant par les vallons des régions agricoles, le Québec est un coffre aux trésors rempli de possibilités d'activités extérieures, en plus d'offrir une gamme d'hébergement d'un confort intégral, et ce, partout à travers la province. Chaque région possède en effet son petit côté épicurien, par la présence d'une auberge époustouflante, d'une table qui sort totalement de l'ordinaire ou simplement par les paysages magnifiques qu'elle permet de contempler.

Alors, que diriez-vous de profiter d'une belle journée à vélo entre vertes collines et pâturages dorés, et de clore le tout avec une bonne table régionale, devant une assiette créative et savoureuse? De vous offrir une fin de semaine de ski entre amis (ou en amoureux) avec un moment de détente dans un spa santé et de passer la nuit dans un chalet cinq étoiles? Ou de voguer en kayak de mer sur le fleuve aux eaux miroitantes, baigné par la lumière du soleil de fin de journée, avant de déguster une spécialité régionale de fruits de mer d'une fraîcheur indéniable? Voilà précisément le genre d'expériences que propose le guide que vous tenez entre vos mains.

C'est 125 séjours tout aussi agréables que mémorables qui sont proposés dans ce guide. Il n'a pas la prétention de présenter tout ce qui se fait au Québec en plein air, mais plutôt de marier des activités intéressantes, qui permettent un réel contact avec la nature environnante, avec des expériences de villégiature et gastronomiques de qualité.

Alors avis aux amateurs de plein air, aux aventuriers gourmands, aux couples ou aux familles, aux célibataires actifs qui recherchent la détente ou une expérience nature inoubliable, aux jeunes et moins jeunes, bref, à tous ceux qui aiment croquer dans la vie à pleines dents et se faire plaisir: ce guide est pour vous. Utilisez-le sans remords!

Organisation du guide

Ce guide est organisé en trois grandes subdivisions qui permettent de choisir un séjour selon 1/ le temps dont vous disposez, 2/ le type d'activité que vous voulez pratiquer, 3/ la région où vous habitez ou que vous voulez découvrir. La description de chacun des 125 séjours inclut le coût approximatif à défrayer, la distance à parcourir pour vous y rendre de Montréal et de Québec et le niveau d'effort physique requis afin d'en profiter pleinement.

1/Question de temps

En premier lieu, notez que les séjours sont répartis en trois chapitres, selon le temps dont vous disposez pour votre sortie. Que ce soit pour un dimanche après-midi ou pour deux semaines, vous trouverez certainement un séjour à votre goût!

Les petites virées: Ce sont des séjours d'environ une journée. Les activités des «petites virées» ne nécessitent pas beaucoup de préparation, de déplacements et d'investissements. Parmi les suggestions, on retrouve de courtes ou moyennes randonnées en ville ou en région, l'exploration d'un lac hospitalier ou d'une rivière dont l'eau est chaude et transparente, des séjours de découverte et d'interprétation en nature, de petites montagnes à gravir, etc. Le séjour revêt toujours un aspect très «art de vivre», soit par la beauté du lieu, la qualité des services ou encore la présence d'une bonne table à proximité. / **Les belles escapades:** Ce sont des séjours de deux à trois jours. Ces suggestions ressemblent plus ou moins aux «petites virées», mais elles peuvent être un peu moins accessibles géographiquement, ou nécessiter un équipement supplémentaire, et demanderont généralement de dormir sur place ou aux alentours. Mentionnons, à titre d'exemples, une sortie de deux jours en kayak de mer, une moyenne ou longue randonnée dans un parc national, un séjour nature dans une belle auberge qui propose des activités originales. / **Les grandes équipées:** Ce sont des séjours de trois jours ou plus. Ici les activités demandant plus de préparation et, par conséquent, de plus importants investissements ainsi qu'une plus grande implication personnelle. Elles sont aussi plus éloignées géographiquement des grands centres, et leur niveau d'accessibilité général est plus restreint. Ces activités revêtent un caractère unique en ce sens qu'elles représentent souvent un rêve caressé de longue date. On peut aisément penser à la visite d'un parc ou d'une réserve du Grand Nord québécois ou encore à la descente d'une rivière s'échelonnant sur une dizaine de jours.

2/Question d'éléments

Chaque séjour est composé d'une ou de plusieurs activités de plein air principales, subdivisées selon les grandes catégories suivantes. Vous trouverez cette information dans les onglets en marge de chaque page.

Les pieds sur terre: Les activités qui se déroulent sur la terre ferme, en contact lent et direct avec la grande nature environnante. On peut penser à la randonnée pédestre, à l'équitation, au golf ou à l'observation de la nature. / **Les pieds en l'air:** Ici les activités se passent au-dessus du sol, que ce soit à quelques mètres ou à grande altitude! L'escalade, les parcours aériens d'aventure, le canyonisme, les tyroliennes, le parachute et le deltaplane font entre autres partie de cette catégorie. / **Les pieds dans l'eau:** Toutes les activités qui se pratiquent dans les nombreux lacs, rivières, baies et dans le fleuve Saint-Laurent. Citons au passage la descente de rivière, le canot, le kayak de mer, les croisières, la plongée en apnée, la voile, la pêche, la baignade. / **Les pieds sur les pédales:** Toutes les activités se font à vélo, et de toutes sortes de manières: le vélo de randonnée, le vélo de route, les circuits thématiques ou agrotouristiques à vélo et le vélo de montagne. / **Les pieds dans la neige:** Difficile d'être plus explicite sur les activités dont fait référence cette catégorie. Le ski alpin, le ski de fond, le ski de haute route, la raquette et le patin sont entre autres proposés à divers endroits à travers le guide.

3/Question de régions

Chaque séjour a été classé selon cinq grandes zones géographiques, dont le découpage suivant a été retenu afin d'alléger la structure générale. La région touristique spécifique est toujours inscrite entre parenthèses au début de la description de chaque séjour.

Autour de Montréal: La ville de Montréal, les régions des Cantons-de-l'Est, de la Montérégie, de l'Outaouais, de la Mauricie, de Lanaudière et des Laurentides. / **Autour de Québec:** La ville de Québec, les régions de Québec, de Chaudière-Appalaches, de Charlevoix et du Centre-du-Québec. / **Le Saguenay–Lac-Saint-Jean et la Côte-Nord:** Le Saguenay–Lac-Saint-Jean, Duplessis et Manicouagan. / **Le Bas-du-Fleuve et la Gaspésie:** Le Bas-Saint-Laurent, la Gaspésie et les Îles de la Madeleine. / **Le nord du Québec:** L'Abitibi-Témiscamingue, le Nunavik et la Baie-James et Eeyou Istchee.

Légende des pictogrammes

Le niveau de difficulté et d'effort physique à fournir pour participer à l'activité	*L'accessibilité de l'activité pour les familles*	*L'investissement numéraire*	*Le niveau d'intensité émotive*
1 Effort physique minimal	**Familial**	$ Très abordable (moins de 100$)	! Contemplatif et serein
2 Effort physique moyen		$$ Abordable (100-150)	!! Joyeux et entraînant
3 Effort physique soutenu		$$$ Onéreux (150-250)	!!! Grandes émotions
		$$$$ Très onéreux (250-400)	!!!! Adrénaline et sensations extrêmes
		$$$$$ Très bonne santé financière exigée… (400$ et plus)	

(Les coûts sont par personne, pour le séjour en entier, excluant le transport.)

À qui s'adresse ce guide

1

Aux individus, seuls ou en groupe, qui n'aiment pas les activités trop intenses, mais qui adorent se faire plaisir et qui aimeraient passer un après-midi ou une journée de congé à l'extérieur.

Les suggestions de l'auteur

Le lac aux Castors (voir p 22) / De jardins et de botanique (voir p 29) / Le Pain de sucre de Saint-Hilaire (voir p 34) / Randonnée et tranquillité au parc de la montagne Tremblante (voir p 36) / Sur les traces de Samuel (voir p 47) / En direction du grand héron ou de la tortue commune? (voir p 94) / Saint-Bruno en skis de fond (voir p 132) / Ski et feu de bois à l'incontournable Tremblant (voir p 134) / Dévalez les pentes jusqu'au fleuve (voir p 139).

2

Aux individus, seuls ou en groupe, qui sont en bonne condition physique, qui ont du temps libre et qui sont prêts à investir temps et argent pour s'offrir des séjours combinant effort physique et art de vivre.

Les suggestions de l'auteur

Le magnifique sentier de l'Acropole des Draveurs (voir p 42) / Les falaises du bout du monde (voir p 60) / Par monts et par câbles… (voir p 66) / Escalade dans Charlevoix (voir p 76) / Exploration viticole à vélo en Estrie (voir p 120) / En Estrie, le diable est vert (voir p 154) / Randonnée guidée vers l'ours et le castor (voir p 160) / Amants à vélo dans le parc de la Gatineau (voir p 204).

3

Aux individus, seuls ou en groupe, qui recherchent une forme d'intensité élevée dans leurs activités, tout en conservant un confort appréciable

Les suggestions de l'auteur

Vent, voile et neige (voir p 71) / Le Saint-Laurent vu du ciel (voir p 88) / Le mont Albert (voir p 166) / Les rapides de la Mattawin (voir p 174) / Les baleines de la mer et du monde (voir p 180) / Pagayer à la pointe de la Gaspésie (voir p 196) / Le meilleur du ski de fond au Québec (voir p 216) / Aventure en mer dans l'archipel de Mingan (voir p 244) / Chic-Chocs et villégiature (voir p 230).

Aux individus, seuls ou en groupe, qui recherchent une expérience d'aventure totale et sans compromis, et dont le séjour choisi représente souvent un rêve caressé depuis long-temps.

Les suggestions de l'auteur

Parcourez le fjord et ses splendides pay-sages (voir p 226) / Vers le cratère du Nouveau-Québec (voir p 234) / La Vérendrye en canot-camping (voir p 250) / Aventure nordique à l'Eau Claire (voir p 252) / L'aventure boréale (voir p 256).

Aux couples avec des enfants qui veulent bouger et vivre des expé-riences en famille tout en profitant pleinement des lieux, en plus de bien manger et de bien dormir.

Les suggestions de l'auteur

Faites comme Tarzan (voir p 70) / Excursion aquatique sur la rivière des Mille-Îles (voir p 90) / Labyrinthe en patins (voir p 138) / En raft sur... neige (voir p 145) / À vélo vers le nord (voir p 202).

vous vous êtes reconnu dans
n des cinq groupes mention-
s ci-dessus, vous avez la bon-
ressource entre les mains!
non (peu probable), tentez
ut de même le coup. Vous
rrez, c'est plutôt agréable!

La Sépaq

Les parcs nationaux québécois sont au nombre de 23, y compris le parc marin du Saguenay–Saint-Laurent, qui se trouve sous l'égide d'une loi fédérale et d'une loi provinciale, ainsi que le parc national des Pingualuit, géré par l'Administration régionale Kativik (ARK). Un très grand nombre de parcs sont représentés dans ce guide, favorisant ainsi l'utilisation de ces magnifiques territoires dont la politique de conservation répond aux critères de l'Union mondiale pour la conservation de la nature (UICN).

La Sépaq, la Société des établissements de plein air du Québec, gère ainsi 22 parcs, leurs installations et leurs services, tous axés sur le plein air et la découverte. La Sépaq a pour mandat de développer les sites dans une perspective de tourisme durable, en assurant la conservation et la préservation des ressources naturelles. En plus d'administrer les parcs québécois, elle a sous sa responsabilité neuf centres touristiques (l'Aquarium du Québec inclus) et 15 réserves fauniques, sans parler de la Sépaq Anticosti et de l'Auberge de montagne des Chic-Chocs. Les parcs québécois renferment quelque 550 chalets (réservations requises longtemps à l'avance selon les saisons et les destinations) et 8 000 emplacements de camping, tous offerts en location.

Sépaq
Service de l'information,
des ventes et des réservations
Place de la Cité
Tour Cominar
2640 boul. Laurier
bureau 250
2ᵉ étage
Québec
418-890-6527 ou
800-665-6527
www.sepaq.com

Vous avez dit «glamping»?

En plus des luxueux hôtels de villégiature en forêt, des gîtes touristiques et autres auberges en pleine nature, le «glamping» fait de plus en plus d'adeptes parmi les amateurs de plein air et d'art de vivre. Contraction des mots «glamour» et «camping», cette nouvelle tendance allie à la fois les joies du camping et le contact brut avec la nature environnante à un confort douillet qui ne se satisfait pas des seuls matelas gonflables et autres sacs de couchage en duvet d'oie! Cuisinette, lits véritables, mobilier et accessoires sont généralement de la partie afin de profiter sans gêne d'un luxueux séjour en forêt.

Voici deux expériences de «glamping» proposées dans ce guide:

CAMPING [*n. m. – 1903; mot angl., de to camp «camper»*] ♦ Activité touristique qui consiste à vivre en plein air, sous la tente, et à voyager avec le matériel nécessaire]

GLAMOUR [*n. m. – v. 1970; mot angl., «séduction, éclat»*] ♦ ANGLIC. Charme et luxe sophistiqué (dans le domaine du spectacle, de la mode ou de l'art de vivre)]

Les yourtes

La yourte est directement dérivée de l'habitation traditionnelle mongole, de forme circulaire, que les habitants des vastes steppes d'Asie centrale utilisent encore aujourd'hui. Plus près de nous, elle est surtout synonyme de séjour tranquille et luxueux, car lits, cuisinette, table et tous les accessoires que l'on retrouve afin de se faciliter la vie y sont présents. À la Sépaq, on peut même choisir un forfait avec literie!

Les tentes Huttopia

Montée sur une plateforme de bois, la tente Huttopia ressemble un peu à une tente de prospecteur. Elle est longue et rectangulaire, avec divisions internes (deux chambres, littéralement!), une cuisine et une salle à manger, et tout l'équipement qu'il faut pour passer une nuit en pleine nature, sans que le citadin en vous soit trop désorienté!

L'équipement:

Que ce soit pour vous initier à une nouvelle activité de plein air ou que vous soyez un habitué, l'équipement que vous aurez sous la main influencera grandement l'expérience que vous vivrez. Il ne faut pas sous-estimer l'importance de certains articles qui vous rendront la vie plus facile et qui vous permettront de profiter pleinement de ces sorties au grand air.

Les spécialistes de La Cordée Plein Air suggèrent ici quelques articles essentiels à prévoir lors de vos escapades, ainsi que d'autres articles étonnants que vous n'auriez peut-être pas pensé à glisser dans votre sac de voyage!

Les **essentiels**

Partir en randonnée et en revenir déshydraté ou encore vous aventurer en raquettes en fin de journée et vous faire prendre par la noirceur, voilà des situations qui peuvent facilement miner votre sortie mais auxquelles on peut remédier sans trop d'effort. Peu importe le type d'activité extérieure que vous pratiquez, voici une liste de quelques articles à toujours avoir sous la main. Vous ne vous servirez peut-être jamais de certains de ces articles, mais le fait de ne pas les avoir avec vous lorsque vous en aurez besoin pourrait rendre votre sortie un peu plus compliquée... Donc, prévoyez toujours le nécessaire.

Pour vous protéger des éléments:

- ▸ Été comme hiver, de la crème solaire, des lunettes de soleil et un couvre-chef.
- ▸ Une bonne lotion chasse-moustiques (impératif dans de nombreux endroits au Québec!).
- ▸ Des vêtements adéquats et de rechange selon le type d'activité. Certains seront trempés, ou peut-être aurez-vous besoin de vous réchauffer un peu à la tombée du jour. Évitez le coton. Une fois mouillé, ce tissu n'isole plus du froid et prend une éternité à sécher. Laine et fibres synthétiques sont à préconiser en priorité.
- ▸ D'ailleurs, vêtez-vous selon la technique multicouche, aussi appelée «pelures d'oignon». En hiver, portez des sous-vêtements (polyester, polypropylène ou laine mérino), un isolant (un vêtement en tissu polaire ou une veste à rembourrage en duvet ou synthétique) et un «imper-respirant». Vous aurez là une gamme de combinaisons qui pourra s'ajuster à n'importe quelle activité, de la course en raquettes à l'observation des étoiles autour d'un feu de camp!

l'avis de spécialistes!

Pour vous ravitailler:

▸ Assurez-vous d'avoir suffisamment d'eau pour tout le monde. Bien vous hydrater vous permettra de profiter pleinement de votre journée. Il existe aussi de nombreux traitements chimiques (tablettes d'iode, chloration, sels d'argent) ou des filtres (charbon, céramique, fibre de verre) pour traiter l'eau qui provient des cours d'eau en pleine nature.

▸ Que ce soit pour des collations nutritives ou un repas complet, prévoyez toujours de la nourriture pour reprendre des forces en cours d'activité. Si vous deviez allonger la durée de votre sortie ou subir une baisse d'énergie, cette petite attention vous remettrait sur pied. Les barres de céréales, les noix et le chocolat noir sont des aliments qui, en plus d'exciter les papilles, vous assurent un gain d'énergie rapide et durable.

Pour vous dépanner:

▸ Lampe frontale ou de poche pour retrouver le sentier une fois la nuit tombée.

▸ Allumettes dans un étui imperméable

▸ Couteau de poche

▸ Ensemble de réparation tout usage

▸ Papier de toilette

Pour vous sécuriser:

▸ Une blessure peut facilement gâcher votre journée si vous n'avez pas de trousse de premiers soins pour la traiter rapidement.

▸ Laissez votre itinéraire à quelqu'un de confiance chez vous.

Les **petits extras**

Le plein air, ça n'est pas que l'effort physique, c'est aussi et surtout vous faire plaisir. Que ce soit pour bien manger, pour vous reposer ou vous gâter un peu, les articles suivants rendront vos sorties encore plus agréables.

Pour vous faciliter la vie:

▸ Pour un éclairage d'appoint, mais aussi pour réduire l'humidité dans votre tente, optez pour les «bougies-lanternes», qui prennent peu de place et feront la différence.

▸ Pour voir vraiment clair, munissez-vous de petites lanternes très compactes, offertes à peu de frais.

▸ Conçus pour les sorties sur l'eau mais pratiques en tout temps, les sacs étanches permettent de garder quelques vêtements, serviette, porte-monnaie ou appareil photo au sec, malgré les intempéries ou la présence inopinée d'eau dans le fond de votre embarcation.

▸ De nombreux produits sont maintenant offerts en version «portative» afin de pouvoir vous suivre, même en camping: barbecue, mijoteuse, douche, lavabo, etc.

▸ Chaises pliables faciles à transporter pour les pauses ou les pique-niques improvisés.

▸ Les matelas autogonflants sont des incontournables pour une bonne nuit de sommeil. Un simple dispositif en nylon robuste les transforme en chaises. Pratiques pour les soirées près du feu!

▸ Si vous n'avez pas le temps de vous préparer un repas avant votre départ, sachez que toute une sélection d'excellents repas lyophilisés (séchés à froid) est disponible dans les boutiques spécialisées.

Pour vous gâter:

▸ Si vous êtes un accro du café, sachez que d'excellentes machines à espresso ont été conçues pour vous suivre même en forêt.

▸ Prévoyez un réchaud, une gamelle et des couverts pour pique-niquer. Vous pourrez ainsi vous concocter un repas digne des plus fins palais, même en pleine nature.

▸ Amateur de vin, ne vous privez pas de ce plaisir lors de votre escapade: apportez vos coupes en acier inoxydable (aucun risque de les briser!).

▸ Munissez-vous de jumelles pour contempler d'un peu plus près la nature qui vous entoure.

▸ Vous avez un hamac à la maison? Pourquoi ne pas l'apporter pour vous la couler douce au bord d'un lac ou au sommet d'une montagne?

Ces suggestions ont été préparées par l'équipe de La Cordée Plein Air, une entreprise québécoise spécialisée dans les activités de plein air, qui fournit conseils et équipements aux amateurs depuis plus de 50 ans / www.lacordee.com

Renseignements utiles

Location de véhicules

Location de voitures

De nombreuses agences de location sont présentes un peu partout sur le territoire québécois et offrent souvent des promotions avantageuses. Vérifiez si le contrat comprend le kilométrage illimité ou non et si l'assurance proposée vous couvre complètement (accident, frais d'hospitalisation, passagers, vol de la voiture, vandalisme).

Auto-partage de véhicules

Une option pratique, écologique et économique, pour les résidants du Québec qui ne possèdent pas leur propre automobile, est le service d'auto-partage de véhicules, offert notamment par l'entreprise Communauto (www.communauto.com). Pour adhérer à Communauto, il faut s'inscrire pour une durée minimale d'un an et payer un droit d'adhésion de 500$ (le montant est entièrement remboursable après un an si vous décidez de quitter le service). Les divers tarifs et échelles de prix de l'entreprise permettent de «louer» un véhicule pour vos déplacements de courte ou de longue durée. Plusieurs dizaines de stations de véhicules sont présentes à Montréal, Québec, Sherbrooke et Gatineau.

Communauto Montréal
1117 rue Ste-Catherine O.
bureau 806
Montréal
514-842-4545 ou
866-496-1116
www.communauto.com

Communauto Québec
335 rue St-Joseph E.
bureau 600
Québec
418-523-1788 ou
866-496-1116
www.communauto.com

Location de matériel de plein air

Lorsque la location d'équipement est suggérée au cours d'un séjour, on retrouve au moins une adresse où louer le nécessaire. Tout de même, certaines entreprises sont maintenant reconnues pour la qualité de leur service de location.

La Cordée Plein Air
Magasin de Montréal
2159 rue Ste-Catherine E.
Montréal
métro Papineau
514-524-1106 ou 800-567-1106
www.lacordee.com
Magasin de Laval
2777 boul. St-Martin O.
Laval
514-524-1106 ou 800-567-1106
Magasin de Longueuil
1595 boul. des Promenades
arrondissement de St-Hubert
514-524-1106 ou 800-567-1106

Mountain Equipment Coop (MEC)
Magasin de Montréal
Marché central
8989 boul. de l'Acadie
Montréal
514-788-5878
www.mec.ca
Magasin de Québec
405 rue St-Joseph E.
Québec
418-522-8884

Respectez la forêt!

Chaque année, des milliers de personnes visitent les parcs nationaux du Québec. Il est important de savoir profiter de la forêt de manière responsable, et en respectant la fragilité des écosystèmes. Pour cela, un certain nombre de règles doivent être suivies.

L'application des sept principes d'éthique de plein air Sans Trace (Leave No Trace, www.lnt.org) est fortement suggérée dans tous les parcs québécois:

1 Prévoyez et planifiez votre séjour longtemps à l'avance, question de connaître le mieux possible votre destination et de vous y préparer adéquatement. / **2** Marchez dans des sentiers balisés et campez sur des surfaces durables, comme des plateformes de bois. / **3** Gérez adéquatement les déchets, en rapportant tout ce que vous avez apporté. / **4** Laissez intact ce que vous trouvez dans la nature, que ce soit des plantes ou des artéfacts culturels. / **5** Minimisez l'impact des feux en utilisant les emplacements prévus à cet égard. / **6** Respectez la vie sauvage en observant les animaux de loin, sans imposer votre présence. / **7** Respectez les autres usagers en adoptant un comportement courtois.

Petites virées

Ce sont des séjours d'environ une journée. Les activités des «petites virées» ne nécessitent pas beaucoup de préparation, de déplacement et d'investissement. Parmi les suggestions, on retrouve de courtes ou moyennes randonnées en ville ou en région, l'exploration d'un lac hospitalier ou d'une rivière dont l'eau est chaude et transparente, des séjours de découverte et d'interprétation en nature, de petites montagnes à gravir, etc. Le séjour revêt toujours un aspect très «art de vivre», soit par la beauté du lieu, la qualité des services ou encore la présence d'une bonne table à proximité.

Les pieds **sur terre**

Autour de Montréal

Les pieds **sur les pédales**

Les pieds **dans la neige**

Promenade, observation de la nature

🏠 👥 $!

Les marais de Plaisance

Le parc national de Plaisance se voue principalement à la mise en valeur des milieux humides, ces éternels laissés-pour-compte, mais dont l'importance pour la diversité biologique et écologique est immense. Allez vous y promener à vélo, en ponton, en canot ou simplement à pied. Vous y ferez à coup sûr de belles découvertes.

Des promenades à travers les zones marécageuses ont été aménagées afin de mieux faire comprendre aux visiteurs le rôle majeur que jouent les milieux humides dans l'équilibre écologique. Le sentier «La zizanie des marais», long d'environ 1 km et accessible à tous, est particulièrement captivant. Il entraîne les visiteurs au cœur des marais grâce aux passerelles de bois qui survolent la baie de la Petite Presqu'île. En plus d'offrir l'occasion de contempler de fort jolis paysages, le parcours, ponctué de panneaux fournissant une foule de renseignements sur divers aspects de la faune, est instructif. Au cours de la balade, vous pourrez observer plusieurs espèces d'oiseaux, notamment des bernaches, qui s'arrêtent en grand nombre ici au printemps et en automne, lors de leur périple migratoire, ainsi que la sauvagine. Plusieurs mammifères peuplent également cette zone, comme le castor et le rat musqué. On y trouve aussi une bonne concentration de batraciens, allant de la petite grenouille commune au gros ouaouaron, dont le cri, profond et résonnant, est reconnaissable entre tous. Par ailleurs, une tour d'observation offre une magnifique vue sur les alentours.

Des randonnées commentées sur l'ornithologie et les tortues sont proposées, à vélo ou à pied.
Si vous voulez prolonger votre séjour dans le parc, sachez qu'on y propose quelques yourtes très confortables.
En 2007, on y a découvert des vestiges archéologiques amérindiens qui dateraient d'aussi loin que 8 000 ans!

En soirée, et question de profiter de l'hospitalité régionale, La Table de Pierre Delahaye mérite qu'on y fasse une escale. Une histoire de couple: Madame à l'entrée et Monsieur à la cuisine. Un accueil toujours cordial et

*Les pieds **sur terre***

Pensez-y

Qui dit milieux humides dit moustiques! Apportez impérativement une bonne lotion chasse-moustiques.

Des jumelles seront utiles pour observer les oiseaux et les autres animaux.

Les adresses

**Parc national
de Plaisance**
1001 ch. des Presqu'îles
Plaisance
819-427-5334 ou
800-665-6527
www.sepaq.com

**La Table de Pierre
Delahaye**
247 rue Papineau
Papineauville
819-427-5027
www.latabledepierrede
lahaye.ca

chaleureux, une cuisine exquise d'inspiration normande: le chef est en effet Normand! Si l'évocation du ris de veau vous fait saliver, pas besoin d'aller plus loin. Cette maison de village (1880) abrite des pièces empreintes d'une douce ambiance. Lorsqu'on est en groupe (huit et plus), on peut même disposer d'une pièce complète. Une des très bonnes tables régionales, située à Papineauville, à quelques encablures du parc.

Pour s'y rendre

À partir de Montréal, prenez l'autoroute 15 Nord, et 15 km plus loin, empruntez l'autoroute 640 Ouest jusqu'à St-Eustache, où vous prendrez la route 148, que vous suivrez jusqu'à Plaisance.

de Montréal: 1h30

de Québec: 4h30

Promenade, ski de fond, raquette, patin

🔲 👥 $!

Le lac aux Castors

Sortez par un dimanche après-midi pour redécouvrir les richesses du mont Royal et de ses alentours.

Créé en 1876, le parc du Mont-Royal constitue toujours une halte nature très appréciée des habitants de la grande ville. C'est de son sommet, près du chalet, que l'on a une vue saisissante du centre-ville: la particularité de Montréal en tant qu'île prend alors tout son sens. Tout près, le petit lac aux Castors a été aménagé en 1958 sur l'emplacement des marécages qui se trouvaient autrefois à cet endroit. En hiver, il se transforme en une agréable patinoire.

La montagne est maintenant protégée par le gouvernement du Québec en tant qu'arrondissement naturel et historique.

Dirigez-vous ensuite à l'angle des rues Fairmount et Hutchison, dans le quartier Outremont, où vous trouverez deux établissements particulièrement appréciables: La Croissanterie Figaro, idéale pour une bière ou un café au lait sur sa magnifique terrasse parisienne par temps chaud, et le restaurant perse Rumi, si vous vous êtes attardé plus longtemps que prévu sur la montagne, et que la faim vous tenaille.

....

Les cimetières que l'on retrouve sur le mont Royal forment ensemble la plus vaste nécropole du continent nord-américain.

....

La forêt de la montagne présente un écosystème pratiquement unique au Québec, avec ses vieux arbres dont certaines essences ont disparu du reste de la province, et qui donnent ainsi refuge à des espèces d'oiseaux uniquement présentes à cet endroit.

Les adresses

Parc du Mont-Royal
voie Camillien-Houde et
ch. Remembrance
Montréal
514-872-3911
www.lemontroyal.qc.ca

La Croissanterie Figaro
5200 rue Hutchison
Montréal
514-278-6567
www.lacroissanteriefigaro.com

Rumi
5198 rue Hutchison
Montréal
514-490-1999

*Les pieds **sur terre***

Pour s'y rendre

On accède au parc du Mont-Royal par l'avenue du Mont-Royal et la voie Camillien-Houde à l'est, ou par les chemins Queen-Mary et de la Côte-des-Neiges à l'ouest.

Observation de la nature

🛏 🏚 $$!!

Safari à l'ours en Outaouais

Accompagné d'un guide chevronné de l'entreprise Souvenirs Sauvages, faites une incursion, pour quelques heures, dans l'univers de l'ours noir à la Seigneurie Kenauk, un vaste territoire privé associé au Château Montebello. Dans le confort d'un mirador, admirez-le à même son habitat naturel en toute sécurité, et ce, à seulement quelques mètres!

L'approche se fait lentement. On chemine pendant une demi-heure dans un safari-bus jusqu'au lieu d'observation et, question de sécurité, on passe du véhicule à la cache sans mettre le pied au sol. Par la suite, il faut s'armer de patience et se tenir à l'affût. On ne peut jamais être sûr à 100% que l'ours va se montrer, malgré les horaires précis où lui est livrée un peu de nourriture (pommes, moulée spéciale, miel lors des grandes occasions) afin qu'il s'habitue aux deux caches ainsi qu'à la présence humaine. Mais comme les ours sont des animaux routiniers, on aperçoit souvent lesdits ursidés, seuls ou en famille. On peut même avoir la chance de surprendre un ours albinos, une variante génétique très rare de l'ours noir, que l'on nomme ours blond.

Il est plutôt impressionnant de voir un ours gravir la colline jusqu'à la cache, et ainsi passer très près du lieu où l'on est tapi (on pourrait presque le toucher), et de constater que de simples moustiquaires nous séparent de l'animal...

Entre-temps, le guide nous instruit sur la faune locale, et sur les comportements des ours en particulier. Bernadette Henrard, propriétaire passionnée, d'origine belge mais bien implantée dans la forêt québécoise, guide les visiteurs elle-même très souvent, et l'on sent bien le lien d'affection très fort qui la lie à ces animaux magnifiques. L'activité est accessible aux personnes à mobilité réduite.

En soirée, et question de profiter de l'hospitalité régionale, La Table de Pierre Delahaye mérite qu'on y fasse une escale. Reportez-vous en page 20 pour une appréciation complète.

Pensez-y

Les départs ont lieu chaque jour à 13h et 16h, et les réservations sont obligatoires.

Même si les caches sont en moustiquaire, pensez à apporter une lotion chasse-moustiques.

Évidemment, n'oubliez pas votre appareil photo, muni si possible d'un bon téléobjectif.

Faites de cette petite virée une belle escapade de pêche des plus luxueuses (voir p 170).

Les adresses

Souvenirs Sauvages
1000 ch. Kenauk
Montebello
819-423-5573 ou
800-567-6845
www.souvenirssauvages.
com

**La Table de Pierre
Delahaye**
247 rue Papineau
Papineauville
819-427-5027
www.latabledepierrede
lahaye.ca

Pour s'y rendre

À partir de Montréal, prenez l'autoroute 15 Nord, et 15 km plus loin, empruntez l'autoroute 640 jusqu'à St-Eustache, où vous prendrez la route 148, que vous suivrez jusqu'à Fasset. Tournez à droite dans la côte Angèle et dans le chemin Kenauk, puis suivez les indications.

de Montréal: 1h30

de Québec: 4h30

Parcours aérien d'aventure, spéléologie, randonnée pédestre

2 **⚹** **$$** **‼**

Une journée à s'activer en l'air et à se refroidir sous terre!

Offrez-vous du bon temps grâce aux cordages et autres filins qui vous font passer au-dessus d'un lac et entre de grands arbres, et retrouvez-vous peu de temps après à 45 m sous terre, dans la plus grande caverne granitique du Bouclier canadien.

Aventure Laflèche propose de beaux parcours dans les arbres, avec quelques tyroliennes d'une hauteur plutôt impressionnante, à tel point que l'on se demande bien naïvement, lorsqu'on est au sol, pourquoi ces «fils téléphoniques» sont si hauts...

L'entreprise propose aussi la visite d'une caverne granitique, la plus grande de tout le Bouclier canadien. Le parcours sous terre débute au fond de ladite caverne (on y a creusé une entrée artificielle), et le guide vous y explique avec passion les recherches actuelles et la manière dont la grotte s'est formée. On y relate aussi certaines anecdotes, dont l'histoire du plongeur qui est passé par un trou d'eau juste assez grand pour lui tout au fond de la caverne, et en est ressorti presque une heure plus tard par le lac en contrebas.

La caverne principale sert aussi de salle de réception et de concerts à l'occasion et, année après année, le dédale de galeries s'enrichit par les constantes découvertes que l'équipe de spéléologues effectue en hiver.

Pour la gastronomie de fin de journée, le restaurant L'Orée du bois accueille les convives dans une maison rustique en plein cœur de la nature, dans le parc de la Gatineau. Le bois, la brique et les rideaux crochetés donnent au lieu un certain charme suranné. Le chef élabore une cuisine française qui met en valeur les excellents produits régionaux que l'on retrouve au Québec. La carte propose ainsi des plats à base de champignons des bois, de fromage de chèvre frais, de canard du Lac Brome, de cerf rouge et de poisson fumé sur place au bois d'érable. Une belle halte à l'orée du bois pour terminer une journée riche en péripéties!

Pensez-y

Tout l'équipement est fourni, mais n'oubliez pas un chandail chaud, car même en été, la température à l'intérieur de la grotte ne dépasse pas 6°C à 7°C.

Les pieds sur terre et en l'air

Pour s'y rendre

À partir de Montréal, suivez la route 148 en direction de Gatineau, où vous prendrez
l'autoroute 5 Nord puis la route 105 jusqu'à Wakefield. De là, continuez jusqu'à la
route 366, que vous prendrez à droite. L'intersection pour la route 307 Nord se trouve
8 km plus loin, et vous tournerez à gauche. Le site d'Aventure Laflèche est à 10 km
de là.

de Montréal: 2h

de Québec: 5h

Golf

🎽 $$ ‼️

Vallons et 18 trous

Pratiquez votre élan à moins d'une heure de Montréal dans un décor forestier, chaleureux et enivrant.

Le Club de golf Carling Lake, fondé près de Lachute en 1961, se classe parmi les plus beaux parcours publics au Canada, du moins selon le magazine *Golf Digest U.S.* Entouré de montagnes et d'une magnifique ancienne forêt, ce lieu champêtre permet de s'évader doucement sur les verts. À proximité du terrain de golf se trouve l'élégant Hôtel du Lac Carling, classé quatre étoiles.

L'hôtel possède d'ailleurs une salle à manger remarquable, L'If, située dans la rotonde du bâtiment principal et faisant face au lac. Au menu: cuisine gastronomique, décor luxueux et ambiance romantique. Il faut absolument essayer le saumon fumé maison, une spécialité du restaurant. De tout pour conclure agréablement votre journée sur les pelouses.

L'Hôtel du Lac Carling propose aussi un spa à sa clientèle. On y reçoit les habituels soins du corps et de l'esprit, avec hammam, huiles essentielles et enveloppement au... chocolat!

Pensez-y

Apportez un imperméable en cas de pluie.

Pour s'y rendre

À partir de Montréal, suivez l'autoroute 15 Nord, jusqu'à l'autoroute 50 Ouest. Sortez à Lachute et continuez par la route 327 Nord jusqu'au lac Carling.

de Montréal: 45 min

de Québec: 3h45

Les adresses

Club de golf Carling Lake
2235 route 327 N.
Grenville-sur-la-Rouge
514-337-1212 ou
450-533-5333
www.golfcarlinglake.com

Hôtel du Lac Carling et le restaurant L'If
2255 route 327 N.
Grenville-sur-la-Rouge
514-990-7733
450-533-9211 ou
800-661-9211
www.laccarling.com

Les pieds sur terre

Promenade, observation de la nature

🛡 👥 $!

De jardins et de botanique

Au hasard d'un tournant du sentier ou dans un pavillon, contemplez des arbres exotiques, des orchidées, des insectes ou des animaux d'ici et d'ailleurs.

Les Muséums nature de Montréal regroupent, dans les environs du Parc olympique, le Jardin botanique, l'Insectarium et le Biodôme, l'un des ensembles muséaux dédiés à la nature les plus impressionnants au monde, et pour cause.

Promenez-vous dans les 10 serres du Jardin botanique présentant une variété incroyable d'orchidées et de plantes asiatiques et tropicales, errez dans les jardins extérieurs comme la roseraie, le jardin japonais, le jardin de Chine et le jardin des Premières-Nations, ou encore à l'Arboretum, où vous pourrez visiter la Maison de l'arbre, un centre d'interprétation qui permet de comprendre la vie et la croissance d'un arbre.

D'une superficie de 75 ha, le Jardin botanique de Montréal a été entrepris pendant la crise des années 1930, grâce à l'initiative du frère Marie-Victorin, célèbre botaniste québécois à qui l'on doit l'ouvrage **La flore laurentienne***, qui recense les plantes indigènes du Québec et dont on se sert encore aujourd'hui comme d'une référence en la matière.*

À l'Insectarium, 160 000 spécimens craquants et grouillants y sont exhibés. Pour les curieux de ce monde à la fois fascinant et repoussant, on y organise même à l'occasion des... dégustations d'insectes!

Le Biodôme présente, sur 10 000 m², quatre écosystèmes fort différents les uns des autres: la forêt tropicale, la forêt laurentienne, le Saint-Laurent marin et le monde polaire. Ce sont des microcosmes complets comprenant

*Les pieds **sur terre***

végétation, mammifères et oiseaux en liberté, ainsi que des conditions climatiques réelles.

Et question de poursuivre votre exploration, restez dans le quartier Maisonneuve pour la soirée et dirigez-vous vers le restaurant Les Cabotins (voir p 131).

(voir p 131).

Les adresses

Jardin botanique et Insectarium de Montréal
4101 rue Sherbrooke E.
Montréal
514-872-1400
métro Pie-IX
ville.montreal.qc.ca/jardin

Biodôme de Montréal
4777 av. Pierre-De Coubertin
Montréal
514-868-3000
métro Viau
www.biodome.qc.ca

Les Cabotins
4821 rue Ste-Catherine E.
Montréal
514-251-8817

Promenade, ski de fond

🚹 👫 $!

Forêts urbaines à explorer

Promenez-vous dans des forêts exotiques, locales et boréales, et apprenez-en plus sur les arbres et arbustes d'un peu partout dans le monde.

L'Arboretum Morgan, une réserve forestière de 245 ha associée à l'Université McGill, est situé à Sainte-Anne-de-Bellevue, sur la pointe ouest de l'île de Montréal. En plus des grands espaces boisés où la plupart des essences indigènes du Québec sont représentées, le lieu comporte 18 collections d'arbres et d'arbustes de partout dans le monde, incluant sapins, épinettes, chênes, bouleaux, érables, tilleuls et arbres à fleurs. L'Arboretum abrite également une trentaine d'espèces de mammifères, une vingtaine d'espèces de reptiles et d'amphibiens, et plus de 170 espèces d'oiseaux nicheurs et migrateurs. Un véritable paradis pour les amants de la nature, à un jet de pierre du centre-ville de Montréal!

Pour la soirée, et question de continuer votre exploration de l'ouest de l'île de Montréal, traversez le pont Galipeault vers l'île Perrot et filez jusqu'au restaurant le Vieux Kitzbühel, fier garant de l'hospitalité autrichienne à deux pas de Montréal. Dans une vieille maison en pierre des années 1930, vous y dégusterez des plats de fine cuisine viennoise ou du Tyrol, dont le fameux *schnitzel*, et ce, dans une ambiance très chaleureuse et enjouée. Des musiciens d'origine européenne viennent souvent y jouer de la musique traditionnelle autrichienne. Une manière originale et très sympathique de terminer votre journée en beauté!

Les adresses

Arboretum Morgan
150 ch. des Pins
Ste-Anne-de-Bellevue
514-398-7811
www.morganarboretum.org

Vieux Kitzbühel
505 boul. Perrot
L'Île-Perrot
514-453-5521 ou
888-453-5521
www.vieuxkitz.com

Pour s'y rendre

À partir de Montréal, prenez l'autoroute 20 Ouest et sortez à Ste-Anne-de-Bellevue. Puis suivez les indications.

de Québec: 3h30

Les pieds sur terre

Randonnée pédestre, vélo de montagne, équitation

🄵 👬 $$!

La gorge de Coaticook

Passez la journée à vous promener dans les sentiers longeant une impressionnante gorge, explorez une ancienne galerie souterraine et admirez le paysage de la région, tranquille et pittoresque.

Le Parc de la gorge de Coaticook protège une portion de la rivière du même nom qui a creusé dans le roc une gorge impressionnante qui atteint par endroits jusqu'à 50 m de profondeur. Des sentiers sillonnent tout le territoire, permettant au visiteur d'apprécier la gorge sous tous ses aspects. La passerelle suspendue, qui a réussi à en faire frissonner plus d'un, la traverse à une hauteur de 169 m, ce qui est plus qu'appréciable. De longs sentiers, tant pour le vélo de montagne que pour la randonnée pédestre, partent de l'accueil du camping. Vous pouvez aussi y visiter une galerie souterraine utilisée lors de la construction du barrage hydroélectrique, encore en activité.

Si vous visitez la région, il ne faut manquer sous aucun prétexte la table du Café Massawippi, à North Hatley. On y propose une table d'hôte inspirée à trois services, mariant par exemple des crevettes géantes aux fruits de la passion, des médaillons de caribou au cacao et du lapin à de la marmelade de figues, le tout présenté de manière très réussie. La carte des vins et le service sont excellents. Le chef, Dominic Tremblay, a même conçu son propre livre de recettes.

On propose au Parc de la gorge de Coaticook un très beau terrain de camping ainsi que deux refuges rustiques, chaleureux et invitants, pour ceux que l'idée de passer la nuit dans la région séduit. L'accueil du camping se trouve dans une très belle grange ronde, et les alentours sont harmonieusement aménagés. Une petite fermette pour les enfants est située un peu plus loin.

Pensez-y

Apportez une collation pour la journée, de l'eau et votre bonne humeur!

*Les pieds **sur terre***

Les adresses

Parc de la gorge de Coaticook
135 rue Michaud ou
400 rue St-Marc
Coaticook
819-849-2331 ou
888-524-6743
www.gorgedecoaticook.qc.
ca

Café Massawippi
3050 ch. Capelton
North Hatley
819-842-4528
www.cafemassawippi.com

Pour s'y rendre

À partir de Montréal, prenez l'autoroute 10 Est jusqu'à l'autoroute 55 Sud, que vous suivrez jusqu'à la sortie pour la route 141 Est. Coaticook se trouve 20 km plus loin.

de Montréal: 2h

de Québec: 3h30

Randonnée pédestre, ski de fond, raquette

2 👥 $ ‼

Le Pain de sucre de Saint-Hilaire

Tout près de Montréal se trouve un petit relief montagneux qu'il fait bon gravir de temps à autre, au gré des humeurs du moment et des journées de congé!

Avec 400 m d'altitude, le mont Saint-Hilaire offre plusieurs possibilités de randonnée grâce à ses nombreux sentiers. Et en prime, les points de vue que l'on découvre au bout de nos peines valent amplement l'effort prodigué. Entre autres, le Pain de sucre procure une vue sans pareille sur la région montérégienne.

Si vous avez l'intention de passer la nuit dans le coin, descendez au Manoir Rouville-Campbell, qui a ce petit quelque chose conférant à certains établissements une atmosphère unique et même, à la limite, mystérieuse. Quand on entre dans le manoir, on a l'impression que le temps s'est arrêté il y a plus d'un siècle. Maintenant vieux de plus de 150 ans, il a vu plusieurs pages de l'histoire du Québec se tourner. Le manoir, reconverti en hôtel de luxe, est ouvert au public depuis 1987. Pour une expérience de la vie de seigneur, c'est l'endroit tout indiqué. La salle à manger, le bar et les jardins avec vue sur le Richelieu ravivent ce lieu d'hébergement déjà magique.

Pensez-y

Habillez-vous selon la saison, car au sommet du Pain de sucre, le vent peut donner la chair de poule.

*Les pieds **sur terre***

Les adresses

**Centre de la Nature
du mont Saint-Hilaire**
422 ch. des Moulins
Mont-St-Hilaire
450-467-1755
www.centrenature.qc.ca

**Manoir Rouville-
Campbell**
125 ch. des Patriotes S.
Mont-St-Hilaire
450-446-6060 ou
866-250-6060
www.manoirrouville
campbell.com

Restaurant Le Jozéphil
969 rue Richelieu
Beloeil
450-446-9751
www.jozephil.qc.ca

Pour sa magnifique terrasse au bord de l'eau et son excellente cuisine souvent composée de petit gibier, Le Jozéphil est une adresse unique à Beloeil. Il est reconnu pour la qualité de son menu d'inspiration française, son ambiance chaleureuse et sa vue imprenable sur le Richelieu et le mont Saint-Hilaire.

Pour s'y rendre

À partir de Montréal, prenez l'autoroute 20 Est jusqu'à la sortie pour Mont-St-Hilaire.

de Montréal: 45 min

de Québec: 2h30

Randonnée pédestre, vélo, canot, baignade, ski de fond, via ferrata

🎽 🚶 $$ – $$$$ ‼

Randonnée et tranquillité au parc de la montagne Tremblante

Inauguré en 1895 sous le nom de «parc de la montagne Tremblante», le parc national du Mont-Tremblant est le plus grand des parc nationaux du Québec, avec un territoire de 1 510 km² qui englobe le mont, six rivières et quelque 400 lacs. Vu la proximité relative de Montréal, il s'y est développé de belles initiatives touristiques qui permettent de jouir de la nature environnante et d'offrir un niveau de confort pratiquement inégalé à ce jour au Québec...

Grâce à la superficie du parc, les amateurs de randonnée pédestre peuvent profiter en été de plus de 100 km de sentiers de différents niveaux de difficulté. Ainsi, les sentiers de La Roche et de La Corniche, classés parmi les plus beaux du Québec, permettent de s'offrir une courte et délicieuse randonnée de 8 km. Le sentier du Centenaire, quant à lui, d'une longueur de 10 km et d'un dénivelé de 400 m, dévoile de superbes points de vue sur le massif du mont Tremblant, le lac Supérieur et la vallée de la Diable. L'inauguration de ce sentier a eu lieu le 24 septembre 1995, à l'occasion du centenaire du parc du Mont-Tremblant. Il est possible d'effectuer une boucle de 13,5 km si l'on emprunte la route 1 pour récupérer son véhicule au stationnement du point de départ.

Une autre belle option de randonnée est le sentier du Toit-des-Laurentides, un peu plus long (15 km) mais qui mène au point le plus élevé des Laurentides, le pic Johannsen, à 935 m d'altitude. Ce sentier est considéré comme difficile.

Côté hébergement, le choix ne manque certainement pas dans la région. À titre de suggestions, le magnifique gîte Avalanche B&B et les chalets de Côté Nord Tremblant avec le restaurant Caribou sont des incontournables. Voir p 135 pour les appréciations détaillées.

*Les pieds **sur terre***

Pensez-y

De bonnes bottes de randonnée permettent de profiter au maximum des sentiers.

En 1938, la station de ski alpin Tremblant était créée, et depuis elle n'a cessé d'accueillir les skieurs (voir p 134). Le parc compte également 16 sentiers de ski de fond qui s'étendent sur plus de 80 km. Il dispose aussi de pistes cyclables et de circuits pour le vélo de montagne. Des activités nautiques comme le canot et la planche à voile peuvent y être pratiquées. Depuis l'été 2008, une via ferrata permet de cheminer sur la paroi de la Vache Noire à 200 m d'altitude!

Pour s'y rendre

À partir de Montréal, prenez l'autoroute 15 Nord puis la route 117 jusqu'à St-Faustin–Lac-Carré en direction de Lac-Supérieur, et suivez les indications.

de Montréal: 1h45

de Québec: 4h45

Randonnée pédestre, archéologie, ski de fond

2 ♔ $$ ‼

Ascension historique à la Montagne Noire

Prenez le sentier qui conduit vers la carlingue échouée d'un vieil avion de la Seconde Guerre mondiale, et remontez dans le temps tout en contemplant la nature dans toute sa richesse et son immensité.

Le très agréable sentier de la Montagne Noire mène au site de l'écrasement d'un bombardier Liberator canadien, qui eut lieu le 19 octobre 1943. Vous pouvez vous y rendre à pied ou en skis de fond. Le trajet est de 12,8 km aller-retour et d'un dénivelé de presque 500 m, pour une durée d'une demi-journée en marchant d'un pas modéré. En route vers le sommet, vous pourrez voir ce site, où a été aménagé un petit cimetière avec un monument commémoratif. Au sommet, à 875 m d'altitude, un belvédère permet d'admirer toute la région de Saint-Donat!

Côté table, à quelques kilomètres au nord de Saint-Donat, l'Auberge le Havre du Parc, en plus d'offrir un site d'une exceptionnelle tranquillité, affiche un excellent menu de spécialités continentales françaises. Des chambres vous sont aussi proposées, si vous décidez de passer la nuit dans la région. L'emplacement, sur les pourtours du lac Provost, est magnifique, et le confort de l'auberge permet de s'évader doucement et paisiblement du quotidien.

Les pieds sur terre

Les adresses

Sentier de la Montagne Noire
Bureau d'information touristique de St-Donat
536 rue Principale
St-Donat
819-424-2833 ou
888-783-6628
www.saint-donat.ca

Auberge le Havre du Parc
2788 route 125 N.
Lac-Provost
819-424-7686
www.havreduparc.qc.ca

Pour s'y rendre

À partir de Montréal, prenez l'autoroute 15 Nord jusqu'à Ste-Agathe-des-Monts, puis la route 329 jusqu'au chemin Régimbald, où vous tournerez à gauche, quelque 8 km avant St-Donat. Le point de départ du sentier se trouve 1 km après l'embranchement.
de Montréal : 1h45
de Québec: 4h45

Pensez-y

Pour vous éviter des ampoules aux pieds, portez des chaussettes de friction sous vos gros bas de laine!

Découverte agroalimentaire, promenade

♌ $$!

Les vins de l'île Ronde

Parcourez à pied le vignoble Lafortune, situé sur l'île Ronde, en plein milieu du fleuve et à quelques encablures de Montréal.

Le vignoble Lafortune propose un produit résolument novateur et inspirant pour les sens. On vous transporte en bateau depuis le petit village de Saint-Sulpice jusqu'à l'île Ronde, où vous visiterez le vignoble, les chais et les salles de cuves. Mais le bouquet, c'est le repas gastronomique qui vous attend en fin de parcours.

Pensez-y

Rapportez votre vin!

Avec les résultats de leur vinification, les propriétaires vous en mettront plein les papilles grâce à leurs recettes concoctées avec passion, comme le jarret d'agneau braisé, jus de thym et cuvée Saint-Sulpice. La visite et le repas sont très instructifs et joyeusement agréables, et vous aurez l'impression d'être beaucoup plus loin de Montréal que vous ne l'êtes en réalité.

Les pieds sur terre

Les adresses

Vignoble Lafortune
Île Ronde
St-Sulpice
450-589-8628 ou
514-238-6285
www.domainedelileronde.com

Pour s'y rendre

À partir de Montréal, suivez l'autoroute 40 Est et sortez à L'Assomption. Prenez la route 344 Sud jusqu'à la route 138, où vous tournerez à gauche, puis roulerez jusqu'à St-Sulpice.

de Montréal: 30 min

de Québec: 3h

Golf

🏉 $$$ – $$$$ ‼️

Sur les verts, entre fleuve et montagnes

Un peu avant le village de Pointe-au-Pic, la Route du Fleuve longe le golf du Manoir Richelieu, l'un des plus beaux parcours en Amérique du Nord.

Ce 27 trous est aussi classé parmi les meilleurs parcours de golf au monde. Son terrain sinueux, encaissé entre les montagnes et le fleuve, lui confère une certaine difficulté et de bons défis pour les golfeurs expérimentés.

Bien sûr, le club de golf a aussi son pavillon, le *Clubhouse*. On y sert de très bons petits plats qui sauront calmer une fringale. Mais si vous en avez le temps et l'envie, la salle à manger haut de gamme du Manoir Richelieu, Le Charlevoix, s'impose comme l'une des meilleures tables gastronomiques de la région. En plus de sa vue imprenable, le restaurant propose un superbe menu dégustation du terroir, composé de produits presque exclusivement régionaux. Il est aussi classé quatre diamants par le CAA/AAA, une rareté au Québec.

Véritable institution hôtelière au Québec, le Manoir Richelieu demeure un des centres de villégiature les plus recherchés et les plus appréciés du Québec. Doté de tourelles, de gâbles et d'un toit pointu, ce joyau architectural dispose de 405 chambres et suites. Plusieurs boutiques sont aménagées au rez-de-chaussée, de même qu'un lien souterrain avec le Casino de Charlevoix, tout juste à côté.

Pensez-y

Prévoyez une petite laine, car même en été, la brise du fleuve est toujours fraîche.

Les adresses

Manoir Richelieu
181 rue Richelieu
Pointe-au-Pic (La Malbaie)
418-665-3703 ou
800-441-1414
www.fairmont.com/
richelieu

Pour s'y rendre

À partir de Québec, suivez la route 138 en direction de Baie-St-Paul, où vous prendrez la route 362, soit la magnifique Route du Fleuve. Passé le village de St-Irénée, vous ne pourrez pas manquer le terrain de golf sur votre droite. Ensuite, les indications le long de la route pour vous rendre au Manoir Richelieu sont très explicites.

de Montréal: 5h

de Québec: 2h

Randonnée pédestre, canot, kayak, croisière, vélo de montagne

3 $$!!!

Le magnifique sentier de l'Acropole des Draveurs

Dans le parc national des Hautes-Gorges-de-la-Rivière-Malbaie, une des plus belles randonnées pédestres en montagne au Québec n'attend que vos bottes pour vous faire voir un des plus spectaculaires paysages de la province.

Les pieds sur terre

Le sentier de l'Acropole des Draveurs est particulièrement apprécié des marcheurs, mais il est aussi très difficile. Il grimpe sur 5 km, avec un dénivelé de près de 800 m. On ne saurait trop vous conseiller de vous échauffer avant d'entamer l'ascension, ne serait-ce qu'en marchant sur un terrain plat pendant une petite demi-heure. La vue depuis le sommet, par contre, récompense largement l'effort. Le parc englobe le canyon qu'a creusé la rivière Malbaie durant des millénaires, et le spectacle n'est rien de moins qu'époustouflant. Du sommet, à 1 050 m, la falaise descend sur plus de 850 m jusqu'à la rivière, ce qui en fait le gouffre le plus profond dans l'est de l'Amérique du Nord.

*De mai à octobre, il est également possible de visiter le parc national et ses gorges en faisant une croisière de 1h30 à bord du bateau-mouche **Le Menaud**, qui peut accueillir 48 passagers. Si vous en avez l'occasion, choisissez la croisière de 18h30. C'est à ce moment-là que le soleil descendant sur les falaises offre son plus beau spectacle.*

Pour la table du soir, revenez vers La Malbaie. Les maîtres-queux de l'Auberge des 3 Canards ont toujours fait preuve d'audace et d'invention pour intégrer à leur cuisine raffinée des produits du terroir ou du gibier. Ils ont toujours réussi avec brio, dotant les 3 Canards d'une réputation enviable.

Pensez-y

Apportez au moins un litre d'eau par personne.

De très bonnes bottes et un bâton de marche faciliteront la descente et épargneront vos genoux.

N'oubliez pas votre appareil photo.

Les adresses

Parc national des Hautes-Gorges-de-la-Rivière-Malbaie
accès par la rue Principale qui traverse St-Aimé-des-Lacs
418-439-1227 ou
800-665-6527
www.sepaq.com

Auberge des 3 Canards
115 côte Bellevue
Pointe-au-Pic (La Malbaie)
418-665-3761 ou
800-461-3761
www.auberge3canards.com

Le service se démarque par sa cordialité de bon aloi, et l'information pertinente sur les plats servis est doublée d'une bonne carte des vins. Une soirée qui vous repaîtra après l'effort intense fourni dans la journée. Sachez que l'auberge compte de nombreuses chambres joliment décorées et avec vue sur le fleuve, dont neuf sont munies d'un foyer ou d'une baignoire à remous, si le cœur vous dit de rester dans la région pour la nuitée.

Pour s'y rendre

À partir de Québec, prenez la route 138, passez Baie-St-Paul et bifurquez à gauche au village de St-Aimé-des-Lacs. L'entrée du parc se trouve 20 km plus loin, par la rue Principale.

de Montréal: 4h30

de Québec: 2h

Randonnée pédestre, kayak de mer

⛺ 🥾 $ ‼

Les marées du Saint-Laurent

L'une des splendeurs de Charlevoix consiste en une petite baie cachée dont les eaux fuient à marée basse, laissant ainsi de nombreux rochers émergés ici et là, lui conférant un aspect visuel très particulier.

Le parc municipal de la Baie-des-Rochers propose quelque 10 km de sentiers pédestres, qui permettent de faire le tour de la baie et de côtoyer le fleuve sur une magnifique plage de galets où il fait bon rester un moment, ou deux... Le lieu possède aussi une rampe de mise à l'eau pour les amateurs de kayak qui possèdent leur propre embarcation.

Malgré le caractère pittoresque de Saint-Siméon, il faut revenir vers La Malbaie pour s'offrir une expérience gustative intéressante. Et tant qu'à y être, faites un arrêt à l'une des grandes tables de la région, sinon du Québec: le restaurant Vices Versa (voir p 101).

Pensez-y

Apportez votre maillot de bain pour les chaudes journées de juillet.

Pour s'y rendre

À partir de Québec, prenez l'autoroute 40 Est puis la route 138 jusqu'à St-Siméon.

de Montréal: 5h

de Québec: 2h

Les adresses

**Parc municipal
de la Baie-des-Rochers**
502 rue St-Laurent
St-Siméon
418-638-2451

*Les pieds **sur terre***

Randonnée pédestre, canot-camping, ski de fond, raquette

Embrassez du regard le cratère de Charlevoix

Les paysages de l'arrière-pays de Charlevoix surprennent toujours, tant par leur allure tourmentée que par les infinies possibilités d'activités de plein air que l'on peut y pratiquer.

Pensez-y

On ne saurait encore une fois trop insister sur l'importance de porter de bonnes bottes de randonnée. Un bâton de marche peut être pratique pour les descentes.

L'appareil photo s'avère aussi tout à fait pertinent.

Situé à l'extrémité est de la réserve faunique des Laurentides, le parc national des Grands-Jardins, d'une superficie de 310 km², est riche d'une faune et d'une flore de taïga et de toundra, tout à fait inusitées pour la région. Certaines pistes de randonnée pédestre, comme celle du Mont du lac des Cygnes, comptent parmi les plus beaux sentiers au Québec. On effectue en effet une boucle de 10 km qui offre au passage un magnifique point de vue sur le cratère de Charlevoix.

Un réseau de sentiers de 40 km a été aménagé pour le ski de fond et la raquette. Il est possible de louer de petits chalets ou des refuges. On peut également entreprendre des circuits de canot-camping.

De retour à Baie-Saint-Paul pour la soirée, faites un arrêt au 51, un petit bistro du centre-ville qui propose un menu d'inspiration française composé

Les pieds sur terre

essentiellement de plats de gibier, dans un cadre épuré et de bon goût. Au 51 est l'un des meilleurs endroits pour goûter les produits régionaux apprêtés selon les recettes ensoleillées du sud de la France. Il est possible de commander des plats pour emporter, et il y a aussi un comptoir de pâtisseries. Le service est accueillant et très sympathique. Une belle adresse, en tous points.

Avant de s'attabler (ou après, selon votre habitude), il peut être tout à fait charmant de s'installer le temps d'une bière au Saint-Pub, le fleuron de la Microbrasserie Charlevoix, qui y sert de bonnes bières qu'elle brasse pour tous les goûts. Dans la belle rue Saint-Jean-Baptiste, vous reconnaîtrez aisément son architecture originale et colorée, égayée d'une terrasse en été. Le Saint-Pub est aussi un agréable restaurant qui sert une bonne cuisine bistro.

Pour s'y rendre

À partir de Québec, prenez l'autoroute 440 Est puis la route 138. Passez Baie-St-Paul et tournez à gauche en suivant les indications pour le village de St-Urbain. Le parc est un peu plus loin.

de Montréal: 4h

de Québec: 1h

Promenade, vélo, patin à roues alignées

Sur les traces de Samuel

Par un beau dimanche après-midi, prenez votre vélo, chaussez vos patins à roues alignées ou marchez tout simplement, et descendez la côte Ross jusqu'à la promenade Samuel-De Champlain, un havre de paix et de tranquillité directement aux abords du Saint-Laurent.

L'objectif de cette initiative verte qu'est la promenade Samuel-De Champlain visait en effet à redonner l'accès au fleuve aux habitants de la ville de Québec. Et il faut admettre que c'est une réussite. Quelque 2,5 km de promenade directement au bord de l'eau ont été aménagés autant pour la marche et le vélo que pour le patin à roues alignées. Parsemée de fontaines, d'œuvres d'art et de belvédères, la promenade comprend aussi un centre multifonctionnel: la station des Cageux. Une courte exposition, agrémentée d'une projection sur écran, y traite des «cageux» et du commerce du bois. Un casse-croûte ainsi qu'une rampe de mise à l'eau pour les embarcations légères s'y trouvent également..

Après votre promenade, remontez par l'autre extrémité sur la côte de Sillery qui mène à l'avenue Maguire, où le resto-club Montego offre une «expérience ensoleillée», comme le dit sa publicité. Le décor aux tons chauds, les grandes assiettes colorées et la présentation des mets sauront charmer vos yeux. La cuisine, quant à elle, réjouira vos papilles avec ses saveurs épicées et sucrées, inspirées de la cuisine californienne et d'autres gastronomies... ensoleillées!

Le «cageux» était un homme qui conduisait sur l'eau une série de billes de bois attachées ensemble à la manière d'un immense radeau. Il s'agissait d'un travail extrêmement dangereux.

Les adresses

Promenade Samuel-De Champlain
entre la côte Ross et
la côte de Sillery
le long du boulevard
Champlain, à Québec.

Montego Resto-Club
1460 av. Maguire
Sillery (Québec)
418-688-7991

Les pieds sur terre

Équitation, prospection minière

2 🚶 $$!!

La ruée vers l'or au galop

Parcourez à cheval les beaux sentiers du parc régional du Massif du Sud, et arrêtez-vous, le temps de participer à une activité de prospection minière hors du commun.

Les chevaux sont forts, bien dressés et fringants. Il n'en faut pas plus pour saisir les rênes et diriger sa monture vers la forêt touffue des alentours. Traverser une rivière, franchir quelques ponts et s'enfoncer dans les bois profonds des Appalaches est un pur plaisir. Au détour d'un sentier, on attache sa monture, on la nourrit et, avec de l'équipement digne d'un récit de Jack London pendant la ruée vers l'or du Klondike, on scrute les fonds de la rivière située en contrebas du sentier afin d'y trouver de l'or. Les lieux sont reconnus au Québec pour avoir été le site d'une petite ruée vers l'or dans les années 1930. On y fait d'ailleurs l'agréable surprise de ramasser quelques grains d'or que l'on pourra conserver en guise de souvenir.

Somme toute, une activité originale et familiale qui permet un contact avec la nature et qui sort totalement de l'ordinaire.

Et question de vous ressourcer après ces heures de cavale et de prospection, descendez au chic Appalaches Lodge, tout près, pour profiter de son excellente table et de son magnifique spa nordique en pleine nature (voir p 68).

Pensez-y

Munissez-vous d'un couvre-chef et d'un imperméable en cas de pluie.

*Les pieds **sur terre***

Les adresses

Ranch Massif du Sud
149 route du Massif
du Sud
St-Philémon
418-469-2900
www.chevaux.com

**Appalaches Lodge-Spa
et Villégiature**
1 ch. de la Coulée
St-Paul-de-Montminy
418-469-0100 ou
866-661-0106
www.appalachesspa.com

Pour s'y rendre

À partir de Québec, prenez l'autoroute 20 Est puis la sortie vers la route 279 Sud et roulez jusqu'à la route 216, que vous prendrez en direction ouest. Suivez les indications.

de Montréal: 4h

de Québec: 1h

Équitation

🄫 🏇 $$ ‼

À cheval entre mer et montagnes

Confortablement installé sur votre monture, parcourez la région de l'arrière-pays de Charlevoix et contemplez ses paysages de montagnes torturés et ses points de vue sur le Saint-Laurent en contrebas.

Le Centre Équestre Nature, situé à Sainte-Agnès, organise des sorties guidées à cheval à travers les vallons et les prairies de Charlevoix. En plus, on ne fait pas seulement qu'enfourcher sa monture et en descendre une fois l'activité terminée. On passe un bon moment à apprivoiser son cheval, à le brosser, pour ensuite le faire aller au pas, au trot ou au petit galop, pour ceux que ce rythme n'effraie pas...

En soirée, rendez-vous à la véritable institution locale et incontournable qu'est la Maison du Bootlegger, qui offre une ambiance bien particulière avec ses couloirs secrets et ses petites pièces qui abritaient, au début du XXe siècle, le premier casino de Charlevoix! Grilladerie fort courue (on y vient de loin), le lieu promet assurément la soirée la plus animée des environs. Les assiettes sont très copieuses. À l'occasion, il y a de la musique en direct. Les réservations sont requises. Voilà qui termine bien une journée au rythme typiquement campagnard.

Pour s'y rendre

Avant d'arriver à La Malbaie par la route 138, tournez à droite dans la rue Principale du village de Ste-Agnès, que vous rejoindrez en suivant les indications le long de la route.

de Montréal: 4h30

de Québec: 1h30

Pensez-y

Apportez de l'eau, un chapeau et votre bonne humeur!

Les adresses

Centre Équestre Nature
73 rang St-Jean-Baptiste
Ste-Agnès (La Malbaie)
418-439-2076
www.quebecweb.com/
equitation

**Restaurant
Le Bootlegger**
110 Ruisseau-des-Frênes
Ste-Agnès (La Malbaie)
418-439-3711
www.maisondubootlegger.
com

Les pieds sur terre

Observation de la nature, promenade

🎫 👥 \$\$!

De la faune à l'histoire du Lac-Saint-Jean

Côtoyez le plus grand prédateur de la forêt boréale, le loup blanc, ainsi que l'ours noir, le bœuf musqué et l'ours polaire, pour ensuite aller à la rencontre de l'histoire de la colonisation du Lac-Saint-Jean.

Le Zoo sauvage de Saint-Félicien abrite plus de 80 espèces animales de la zone dite «boréale», que vous pourrez observer dans leur habitat naturel. En effet, il tient sa particularité du fait que les animaux ne sont pas en cage. Ils circulent librement. Ce sont plutôt les visiteurs qui font le tour du zoo dans un petit autobus grillagé. La reconstitution d'un camp de bûcherons, d'un campement innu, d'un poste de traite des fourrures et d'une ferme coloniale, avec des bâtiments authentiques regroupés sur les lieux, ajoute un élément historique à la visite de ce zoo non traditionnel. On y offre même une occasionnelle et heureuse ambiance théâtrale le long du parcours.

Une petite excursion facultative permet de se rendre, par la route 167 à partir de Saint-Félicien, au village de La Doré, où se trouve le Moulin des Pionniers, le plus vieux moulin à scie encore en activité au Québec. Avec le sympathique et très dynamique guide Gonzague, vous pourrez apprendre le fonctionnement de ce type de moulin et découvrir la véritable force motrice de l'eau. Vous serez témoin de toutes les étapes de la transformation du bois, du tronc d'arbre frais coupé jusqu'au «planage» de la planche de bois d'œuvre. La visite dure 1h30 et est très intéressante. Ce très beau site comprend aussi une tour d'observation, une ferme avec animaux, des sentiers de randonnée pédestre et de vélo de montagne, ainsi qu'un bon restaurant et une auberge.

À l'Auberge La Nuit Boréale, sur le site du Moulin des Pionniers, à La Doré, six chambres spacieuses et confortables, joliment décorées, baignent dans un cadre tout à fait champêtre. Une bonne table est aussi proposée, composée essentiellement de plats typiques de la région (tourtière, tarte aux bleuets, etc.). Le service est sympathique, et c'est probablement la meilleure adresse régionale.

Pensez-y

Pensez à apporter votre appareil photo.

Les pieds sur terre

Les adresses

**Zoo sauvage
de Saint-Félicien**
2230 boul. du Jardin
St-Félicien
418-679-0543 ou
800-667-5687
www.borealie.org

Moulin des Pionniers et
Auberge La Nuit Boréale
4201 rue des Peupliers
La Doré
418-256-8242 ou
866-272-8242
www.moulindespionniers.qc.ca

Pour s'y rendre

À partir de Québec, prenez la route 175 qui traverse la réserve faunique des Laurentides, puis la route 169 jusqu'à Hébertville, où vous reprendrez la route 169 à gauche en direction de St-Félicien.

de Montréal: 5h30

de Québec: 3h

Randonnée pédestre, observation de la nature

2 & $$!!

De Percé
et de Bonaventure

Les magnifiques paysages de Percé, de son rocher et de l'île Bonaventure sauront vous assurer une belle journée de promenade et de découvertes, tant historiques que naturelles.

Dans le parc national de l'Île-Bonaventure-et-du-Rocher-Percé, vous trouverez quelque 15 km de sentiers parcourant la splendide île Bonaventure. À titre de suggestion, empruntez le chemin du Roy, d'une longueur de 5 km, qui relie entre elles les anciennes habitations de l'île, reliques d'une petite communauté de pêcheurs et de cultivateurs du siècle dernier. À partir du secteur des Colonies, le trajet offre de superbes points de vue sur la mer. Soyez attentif: vous pourriez voir une baleine au large. Des mouettes tridactyles, des petits pingouins et des guillemots noirs nichent dans la falaise, plus particulièrement dans la baie des Marigots.

Il est aussi possible de se rendre au rocher Percé, à pied à marée basse, depuis la plage du mont Joli, afin d'admirer le paysage grandiose des environs et d'observer les milliers de fossiles enfermés dans le calcaire. Informez-vous des heures et de la durée des marées au préalable, car vous pourriez avoir de mauvaises surprises!

Au quai de Percé, plusieurs bateliers proposent de vous emmener jusqu'à l'île Bonaventure. Les départs se font fréquemment de 8h à 17h en haute saison. La traversée comporte souvent une courte excursion autour de l'île et du rocher Percé pour vous permettre de bien en observer les beautés. La plupart des entreprises vous permettent de rester dans l'île aussi longtemps que vous le voulez et de revenir avec un de leurs bateaux qui font régulièrement l'aller-retour.

Pensez-y

L'Auberge du Gargantua n'est ouverte que deux mois par année, soit en juillet et août.

Mise en garde: le rocher Percé perd 300 tonnes de roche par année, et l'excursion peut s'avérer dangereuse. C'est pourquoi les visites sont obligatoirement guidées.

Les pieds sur terre

Une fois de retour sur le continent, et question de goûter la région après l'avoir arpentée, descendez à l'Auberge du Gargantua, au décor qui rappelle la vieille France campagnarde d'où sont issus les propriétaires. De la salle à manger, une vue époustouflante s'offre sur les montagnes de l'arrière-pays, et il serait sage d'arriver assez tôt pour en bénéficier. Les plats sont tous gargantuesques et savoureux, incluant généralement une entrée de bigorneaux, une assiette de crudités puis un potage. Enfin, le choix du plat principal se fait sur une longue liste affichant aussi bien du saumon et du crabe des neiges que du gibier.

Pour s'y rendre

À partir de Québec, prenez l'autoroute 20 Est puis la route 132 tout droit sur 600 km! Passé Gaspé, vous croiserez le petit village touristique de Percé une heure plus tard.

de Montréal: 13h

de Québec: 9h

Observation de la nature, randonnée pédestre, descente de rivière

À la rencontre de l'orignal gaspésien

Dans l'arrière-pays de la Gaspésie, on recense presque quatre orignaux au kilomètre carré, une densité incroyablement élevée. C'est à l'intérieur de ces terres sauvages que vous pourrez observer à loisir le plus grand cervidé typique de chez nous.

Située à Cap-Chat, la jeune entreprise Valmont Plein Air propose une activité très originale: l'observation de ce grand mammifère qu'est l'orignal. D'une durée de 6h, cette sortie en forêt, accompagnée d'un guide chevronné, vous assure presque à tous coups d'apercevoir au moins un animal. Des réservations sont requises.

Au bureau d'accueil, le sympathique et chaleureux Bistro Chez Valmont affiche un menu en constante évolution. La cuisine est simple et essentiellement régionale. Des spectacles y sont présentés à l'occasion. S'y trouve une zone d'accès sans fil à Internet, une machine à espresso (rare dans la région!), une bonne sélection de bières québécoises et d'importation ainsi qu'une belle terrasse. Le bistro dispose de grandes verrières donnant directement sur le fleuve. Une petite boutique d'équipement de plein air est aussi sur place.

On y propose aussi la descente de la rivière Cap-Chat en kayak de rivière, une bonne initiation à ce loisir de plus en plus populaire.

Pensez-y

Un bon appareil photo est indispensable.

Les adresses

Valmont Plein Air et
Bistro Chez Valmont
10 rue Notre-Dame E.
Cap-Chat
418-786-1355
www.valmontpleinair.com

Pour s'y rendre

À partir de Québec, prenez l'autoroute 20 Est puis la route 132, et filez jusqu'à Cap-Chat.

de Montréal: 7h30

de Québec: 4h30

Les pieds sur terre

Observation de la nature, promenade

1 $!

Jardins fleuris et modernes à Grand-Métis

Une promenade pour observer et sentir les pavots bleus, les azalées, les mousses, les gentianes et les primevères semble tranquille de prime abord, mais cela serait sans compter la complexité passionnante de ces plantes magnifiques ni la présence de jardins contemporains uniques au monde.

Les Jardins de Métis font partie des plus beaux jardins du Québec, et leur réputation a fait le tour du monde. Il s'agit aussi d'un lieu historique national. En 1927, Elsie Stephen Meighen Reford hérite du domaine de son oncle, Lord Mount Stephen, qui a fait fortune en investissant dans le chemin de fer transcontinental du Canadien Pacifique. Elle entreprend de créer un jardin à l'anglaise sur son domaine, qu'elle entretiendra et augmentera jusqu'à sa mort, en 1954. Sept ans plus tard, le gouvernement du Québec se porte acquéreur du domaine et l'aménage pour l'ouvrir au public. Les Jardins de Métis ont été rachetés par le petit-fils de la fondatrice, Alexander Reford, qui leur a insufflé une énergie nouvelle grâce à des réalisations remarquables comme le Festival international de jardins.

Pensez-y

Apportez un parapluie en cas de pluie.

Les pieds sur terre

Organisé par les Jardins de Métis, le Festival international de jardins a pour but la création de jardins contemporains. Plusieurs artistes internationaux de renom, dont les œuvres finales sont exposées tout l'été, y participent chaque année. À titre d'exemple, et sachant que les œuvres changent annuellement, on y côtoie des installations audio reliées à des arbres, des balançoires qui projettent des grains de blé sur un sol carrelé, etc. Très original et franchement passionnant.

Les adresses

Jardins de Métis
200 route 132
Grand-Métis
418-775-2222
www.jardinsmetis.com

**Auberge
du Grand Fleuve**
47 rue Principale
Métis-sur-Mer
418-936-3332
www.aubergedugrand
fleuve.qc.ca

Pour la suite des choses, avec un nom de village aussi original que Métis-sur-Mer, il fallait s'attendre à y retrouver des établissements témoignant d'une certaine créativité! C'est le cas de l'Auberge du Grand Fleuve, qui se qualifie de «bouquin-couette». Tenue par un couple franco-québécois amoureux des lettres et de l'art de l'accueil, cette auberge propose le gîte et une fine cuisine dans un environnement largement inspiré de la mer. Voilà qui complète bien une belle journée contemplative!

Pour s'y rendre

À partir de Québec, prenez l'autoroute 20 Est puis la route 132 jusqu'à Grand-Métis.

de Montréal: 6h

de Québec: 3h30

Randonnée pédestre, observation de la nature, ski de fond, raquette

2 🚶 $$!!!

Les falaises du bout du monde

L'époustouflant territoire du parc national Forillon forme une péninsule monta-gneuse de 36 km de longueur, qui pointe vers le golfe du Saint-Laurent comme le doigt d'une main.

Le parc national Forillon, avec ses falaises sculptées par la mer et son paysage extraordinaire, vous assure de magnifiques randonnées. Vous y trouverez plusieurs parcours accessibles aux jeunes et moins jeunes. Entre autres, il ne faut pas manquer les deux plus beaux sentiers, relativement courts: le sentier des Graves et le sentier du Mont Saint-Alban.

Le sentier des Graves est celui qui longe presque toute la côte sud du parc et conduit le marcheur jusqu'à la pointe extrême de la presqu'île de Forillon. On y côtoie des plages de gravier, des anses bucoliques et des falaises moins escarpées que sur le flanc nord. De plus, il arrive qu'on puisse observer des mammifères marins au large. Il est aussi possible d'emprunter la route de gravier sur 3,2 km pour se rendre jusqu'à Cap-Gaspé.

Et dans le sentier du Mont Saint-Alban, c'est la scène naturelle la plus spectaculaire de Forillon qui se déploie au fil de l'ascension jusqu'à une tour d'observation située à 283 m d'altitude. Bien que la piste soit quelque peu abrupte au départ, il vaut largement la peine de faire l'effort durant les premiers kilomètres, puisque la satisfaction est grande à l'approche du sommet.

Pour calmer votre appétit, creusé par ces quelques kilomètres escaladés puis dévalés, offrez-vous la table de la Maison William Wakeham, probablement la meilleure de Gaspé. Le menu est inventif et la carte des vins impressionnante, le tout pour un prix très intéressant. Le restaurant ouvre ses portes le midi et le soir. Si vous décidez de vous arrêter pour la nuit dans la région, sachez que l'établissement propose six chambres dans une ancienne demeure en pierre. L'ambiance s'avère très chaleureuse et le confort irréprochable. La chambre de la Reine, tout simplement magnifique, a effectivement un cachet royal et très anglais.

Pensez-y

Comme il n'est pas rare d'apercevoir plusieurs représentants de la faune québécoise (terrestre, aquatique, ailée), armez votre appareil photo!

*Les pieds **sur terre***

Les adresses

Parc national Forillon
122 boul. Gaspé
Gaspé
418-368-5505
www.pc.gc.ca

Maison William Wakeham
186 rue de la Reine
Gaspé
418-368-5537
www.maisonwakeham.ca

Pour s'y rendre

À partir de Québec, prenez l'autoroute 20 Est puis la route 132 tout droit sur 600 km!
Le parc Forillon est situé juste un peu avant Gaspé.

de Montréal: 11h

de Québec: 8h

Golf, découverte culturelle

1 $$-$$$ **!!**

18 trous
au bout de la terre

À la pointe extrême de la Gaspésie se cache un centre touristique qui abrite un inspirant parcours de golf donnant directement sur le large.

Tout comme le Gîte du Mont-Albert dans le parc national de la Gaspésie, l'Auberge Fort-Prével est administrée par la Société des établissements de plein air du Québec (Sépaq). Le lieu propose un splendide parcours de golf de 18 trous d'une longueur totale de 6 428 verges (normale 73), dont un par 6 de 702 verges. Surplombant la mer et rafraîchi par la brise du large, ce parcours promet une expérience nature tout en beauté.

La batterie d'artillerie de Fort-Prével servit pendant la Seconde Guerre mondiale, et un circuit d'interprétation nous rappelle son rôle.

Dans une ambiance historique, on peut y savourer une délicieuse cuisine française et québécoise. Dans la vaste salle à manger, on déguste de petits plats apprêtés et présentés avec raffinement. Au menu figurent des plats à base de poisson et de fruits de mer, bien sûr, mais aussi toutes sortes de spécialités à faire pâlir d'envie tous les gourmets.

Si vous décidez de prolonger votre séjour dans la région, sachez que l'auberge abrite six chambres. Tout près, un pavillon propose 12 chambres, et un motel loue 40 chambres. De plus, 12 chalets tout équipés et une maison à louer pouvant accueillir jusqu'à 12 personnes, ainsi que 28 emplacements pour autocaravanes, sont disponibles. On y a une très belle vue de la mer.

Pensez-y

L'endroit est ouvert de la mi-juin à la mi-septembre.

Pour le golf, des réservations sont obligatoires 48 heures à l'avance du départ pour ceux qui ne résident pas à l'auberge.

*Les pieds **sur terre***

Les adresses

Auberge Fort-Prével
2053 boul. Douglas
St-Georges-de-Malbaie
(Percé)
418-368-2281 ou
888-377-3835
golf 418-368-6957
www.sepaq.com

Pour s'y rendre

À partir de Québec, prenez l'autoroute 20 Est puis la route 132, et continuez tout droit sur 600 km!

de Montréal: 10h

de Québec: 7h

Observation de la nature, randonnée pédestre

1 👥 $!!!

Pour paléontologues en herbe

À Miguasha, les fossiles ont si bien traversé les âges géologiques que scientifiques et visiteurs continuent d'être ébahis devant le spectacle de ces organismes qui semblent presque encore en vie après des centaines de millions d'années!

Plus petit parc du réseau des parcs nationaux québécois, le parc national de Miguasha se distingue de tous les autres établissements de la Sépaq par son attrait principal: la richesse fossilifère de sa falaise. Ce site offre en effet une chance unique au Québec de découvrir le monde fascinant de la paléontologie et de s'instruire sur des fossiles vieux de 380 millions d'années.

Le parc national de Miguasha est reconnu depuis 1999 par l'UNESCO comme faisant partie du patrimoine mondial.

La visite du parc permet de vous initier au monde des fossiles en compagnie d'un guide et vous fera remonter dans le temps, lorsque les falaises environnantes constituaient le fond d'une lagune. Cela bien avant l'arrivée des dinosaures, quand les poissons étaient les seuls vertébrés sur Terre et que certains d'entre eux s'apprêtaient à fouler la terre ferme...

Prenez une heure pour parcourir le sentier qui longe la falaise et admirer la vue splendide de l'estuaire de la rivière Ristigouche et les montagnes des environs. Un escalier de 220 marches permet de rejoindre la plage, d'où il vous est possible de contempler la falaise qui préserve les fossiles de poissons disparus, et de vous tremper les pieds dans l'eau! Le sentier est intéressant notamment pour ses points de vue, mais aussi pour ses panneaux d'interprétation qui vous feront parcourir les ères géologiques et comprendre l'âge vénérable de la planète, notion souvent difficile à saisir.

Pensez-y

Pensez à apporter un chapeau, car au pied des falaises le soleil tape fort.

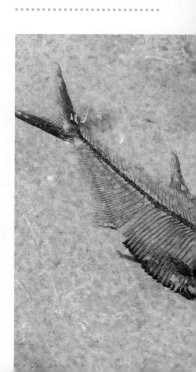

*Les pieds **sur terre***

En soirée, allez à Carleton-sur-Mer, où vous attend le très original Marin d'eau douce. Le chef d'origine marocaine concocte dans son atelier culinaire des petits plats de fine cuisine non seulement européenne mais aussi exotique, comme des tajines de poisson et d'autres mets du Maghreb à base d'agneau et de produits de la Gaspésie. Le lieu est charmant, très chaleureux et très inattendu...

Pour s'y rendre

À partir de Québec, prenez l'autoroute 20 Est jusqu'à Sainte-Flavie, puis la route 132 vers la baie des Chaleurs. Le village de Nouvelle se trouve peu après Pointe-à-la-Croix. L'entrée du parc est bien indiquée.

de Montréal: 8h

de Québec: 5h

Les adresses

Parc national de Miguasha
231 route Miguasha O.
Nouvelle
418-794-2475 ou
800-665-6527
www.sepaq.com

Le Marin d'eau douce
215 route du Quai
Carleton-sur-Mer
418-364-7602
www.marindeaudouce.com

Parcours aérien d'aventure, canot, camping, randonnée pédestre, vélo

2 👥 $$ – $$$$!!!

Par monts
et par câbles...

La Forêt de l'aigle offre un immense territoire comme terrain de jeu en pleine nature. On y trouve un des parcours aériens d'aventure les plus enivrants au Québec, en plus de formules d'hébergement tout à fait chaleureuses.

On peut y pratiquer une foule d'activités de plein air, et ce, dans un profond respect de la nature. Le Sentier suspendu n'est pas composé d'obstacles comme dans d'autres parcs du même genre. Il s'agit plutôt d'un sentier en hauteur (jusqu'à 17 m!) où l'on se promène presque au-dessus des arbres, permettant ainsi un contact avec la forêt dans une toute nouvelle perspective.

La Forêt de l'aigle consiste en une initiative de développement forestier durable basé sur le concept de forêt habitée. Il s'y pratique une sylviculture forestière commerciale, mais sans surexploitation. Elle vise à subvenir aux besoins de la population locale qui en vit, et pas plus. Elle est souvent citée en exemple dans le cadre des débats entourant la surexploitation de la ressource forestière au Québec.

On peut aussi y pratiquer le vélo de montagne, la chasse et la pêche, le canot et le kayak sur les lacs et les rivières, la randonnée pédestre...

Le parcours Aérofil est tout simplement incroyable: 1,5 km de parcours composé exclusivement de tyroliennes, ces longs câbles de métal sur lesquels on glisse à l'aide d'une petite poulie. Une de ces tyroliennes s'étend sur quelque 175 m et passe au-dessus d'un cours d'eau qui, à cet endroit, est plutôt large. Une sensation inoubliable!

Les parcours sont ouverts été comme hiver. Et même s'il pleut, ne reculez pas! C'est toute une expérience. Ces activités sont accessibles à tous, mis

Pensez-y

Le pavillon principal, dit «Black Rollway», abrite la réception, l'accueil pour les activités et le restaurant (Resto du Black). Les chambres et le camping sont à proximité.

Il est utile de préciser qu'en haute saison, un séjour d'au moins cinq nuitées est exigé pour une réservation dans un des quatre chalets tout équipés.

On peut aussi passer la nuit en camping aménagé ou rustique (sans frais).

Les pieds en l'air

Pensez-y

Le site Internet est très informatif et permet d'effectuer des réservations, par ailleurs préférables pour tous les forfaits et activités.

Les séjours en chalet ne comprennent pas la nourriture. Pensez à vous ravitailler en cours de route!

Les adresses

La Forêt de l'aigle
ch. du Black Rollway
Cayamant
819-449-7111 ou
866-449-7111
www.foretdelaigle.com

à part les enfants de 12 ans et moins, qui disposent d'un petit parcours privé, dénommé Abracadabranche.

Un vaste choix de chambres confortables mais rustiques, de chalets de grand confort et d'emplacements de camping agréables est aussi proposé en forfait ou en formule hébergement seulement. Le Resto du Black fait partie des installations du site, mais il est nécessaire de faire une réservation pour s'y attabler.

Pour s'y rendre

À partir de Montréal, prenez l'autoroute 15 Nord puis la route 117. À mi-chemin entre Mont-Laurier et Grand-Remous, suivez la route 107 Sud jusqu'à Maniwaki. Prenez ensuite la route 105 Sud jusqu'à la municipalité de Messines; tournez à droite dans le chemin Farley. Après avoir fait 2,5 km sur ce chemin, continuez tout droit sur le chemin de la Montagne. Tournez ensuite à droite dans le chemin St-Jacques, puis à droite dans le chemin du Lac-à-Larche.

Vous aboutirez à l'entrée Est de la Forêt de l'aigle, sur le chemin du Black Rollway. Le pavillon est au bout de ce chemin (Km 11).

Il y a des chemins ou des tronçons en gravier sur quelque 15 km après le chemin de la Montagne.

Partout où vous devez tourner, il y a un panneau indicateur. Alors soyez attentif!

de Montréal: 3h30

de Québec: 6h30

Parcours aérien d'aventure, via ferrata

3 **$$** **!!!**

De l'arbre au spa

Parcourez la voûte forestière à l'aide de longs câbles d'acier, de ponts de bois ou de cordes et d'un intense effort physique, et récompensez-vous dans les bains d'eau chaude et les magnifiques saunas et hammams du spa La Source.

Non loin des chutes Dorwin, le centre récréotouristique Arbraska Rawdon, qui s'étend sur plus de 65 km², propose huit parcours d'hébertisme aérien de difficultés croissantes dans les hauts fûts de la forêt. Un des premiers centres du genre au Québec, il est aussi l'un des plus amusants et exigeants. Les férus de sensations fortes ne voudront certainement pas manquer de s'envoyer en l'air dans le parcours Les Makaks, ou pis encore dans celui de La Barouka, deux circuits particulièrement hauts et difficiles. Attention à ceux qui ont le vertige! Il faut être prêt à fournir un second effort afin de grimper aux cordages littéralement verticaux qui permettent de rejoindre la plateforme de repos. En 2008, on y a aussi ajouté un parcours en via ferrata, qui permet ainsi de s'adonner à l'escalade de rocher de manière tout à fait sécuritaire et d'embrasser du regard l'immense panorama des alentours depuis le sommet du mont Pontbriand, d'où vous reprendrez la voie des cordages à l'aide de deux immenses tyroliennes de plus de 75 m.

Le spa nordique La Source, situé en face du parc Arbraska (peut-être intentionnellement, sinon providentiellement!) propose des bains thermaux en formule traditionnelle nordique (chaud-froid-détente). Le lieu se trouve en pleine nature, sur les flancs du mont Pontbriand. On y propose aussi un bistro où l'on sert des petits plats légers et santé, ainsi que des boissons fruitées revigorantes. Un beau complément apaisant et ressourçant à une activité intense et réjouissante!

Les pieds en l'air

Pensez-y

Pensez à apporter de bonnes chaussures de sport pour le parcours d'aventure. Tout l'équipement technique est fourni.

N'oubliez pas votre peignoir et vos sandales pour le spa. Les serviettes sont fournies.

Le centre récréotouristique et le spa sont tous deux ouverts été comme hiver. Alors ne vous laissez pas décourager par un peu de neige ou de frimas!

Les adresses

Arbraska Rawdon
4131 rue Forest Hill
Rawdon
450-834-5500 ou
877-886-5500
www.arbraska.com

La Source Bains nordiques
4200 Forest Hill
Rawdon
450-834-7727
www.lasourcespa.com

Pour s'y rendre

À partir de Montréal, prenez l'autoroute 25 Nord (prolongement du boulevard Pie-IX) puis la route 125, et prenez à droite la route 337. Une fois à Rawdon, tournez à gauche dans la rue Queen, qui devient ensuite la rue Forest Hill.

de Montréal: 45 min

de Québec: 3h15

Parcours aérien d'aventure

Faites comme Tarzan

Grimpez dans la voûte forestière, aidé de filins d'acier, de jeux d'adresse et autres plateformes: vous verrez alors la forêt sous un jour tout à fait nouveau.

À Sutton se trouve un parcours aérien de l'entreprise D'Arbre en arbre, avec ses ponts, cordages et tyroliennes installés au cœur de l'élégante forêt environnante. Le parcours est intéressant, physique et grimpe passablement haut. Ne manquez surtout pas la corde de Tarzan: émotions fortes garanties! On y trouve aussi un parcours pour les enfants, et l'équipe de guides est très professionnelle.

Situé dans une contrée rurale, calme et bien caché parmi les collines aux alentours de Sutton, le restaurant Il Duetto propose une fine cuisine italienne. Les pâtes maison sont fraîches, et les plats principaux s'inspirent de la gastronomie des différentes régions de l'Italie. On peut également savourer des vins italiens sur la terrasse, ou encore choisir le menu dégustation à cinq services pour se faire une bonne idée de la variété de la *cucina italiana*.

Pensez-y

De bonnes bottes ou chaussures feront de votre journée une sortie encore plus réussie.

Tout l'équipement technique est fourni.

Les pieds en l'air

Pour s'y rendre

À partir de Montréal, prenez l'autoroute 10 Est et la sortie pour la route 243, puis bifurquez sur la route 215 un peu plus loin. Le village de Sutton est tout droit.

de Montréal: 1h30

de Québec: 3h30

Les adresses

D'Arbre en arbre Sutton
429 ch. Maple
Sutton
450-538-6464 ou
866-538-6464
www.arbresutton.com

Restaurant Il Duetto
227 ch. Élie
Sutton
450-538-8239 ou
888-660-7223

Cerf-volant des neiges, voile, kayak de mer

Vent, voile et neige

En hiver, lorsque le lac Saint-Pierre se fige de glace et que la neige recouvre son immense étendue, le lieu devient un paradis pour les amateurs de glisse et de voile.

Le Club Multivoile 4 Saisons offre des journées d'initiation au cerf-volant des neiges (*snowkite*) sur le lac Saint-Pierre. Ce sport se pratique avec un cerf-volant de traction et une planche à neige. On peut y atteindre des vitesses appréciables, et le petit cours d'initiation au début n'est pas de trop.

En soirée, allez dans le vieux Trois-Rivières, où vous trouverez le restaurant L'Essentiel, situé au coin des rues des Forges et du Fleuve. Le menu, composé d'une cuisine du terroir actualisée, est très original et affiche des plats comme des linguines au blanc de volaille et pommes Granny Smith, amandes et crème de cari. Une très bonne table avec un service sympathique.

Si vous décidez de passer la nuit dans la région, sachez que Club Multivoile 4 Saisons dispose de beaux chalets en forme de voile, et ce, directement en face du fleuve Saint-Laurent. De construction moderne, ils n'en sont pas moins chaleureux et invitants.

Pensez-y

Tout l'équipement est fourni. Apportez tout de même de bons vêtements chauds ainsi que vos lunettes de ski, si vous en avez.

Les pieds en l'air et dans la neige

Les adresses

Club Multivoile 4 Saisons
12751 rue Notre-Dame O.
Pointe-du-Lac
(Trois-Rivières)
819-377-5454 ou
866-343-5454
www.multivoile.com

Restaurant L'Essentiel
10 rue des Forges
Trois-Rivières
819-693-6393

Pour s'y rendre

À partir de Montréal, prenez l'autoroute 40 Est et sortez à Pointe-du-Lac sur la route 138 Est. Vous êtes alors dans la rue Notre-Dame.

de Montréal: 1h30

de Québec: 1h30

Escalade

🔲 **$$** **!!!**

Les falaises de Val-David

Val-David est le berceau de l'escalade dans l'est du Canada. Plus de 650 voies d'escalade de roche sont répertoriées et cotées un peu partout dans la région. Un défi de grimpe qui peut donc être à la portée de tous, du néophyte à l'expert.

On retrouve dans la région plusieurs montagnes aménagées pour cette activité: le mont King, le mont Condor et le mont Césaire figurent parmi les plus populaires. Pour une petite journée de sensibilisation à cette joyeuse activité, contactez l'école Passe Montagne, qui œuvre en qualité de pionnière en ce qui a trait à l'escalade dans la région. Son équipe d'experts saura bien vous montrer à apprivoiser ces parois où l'on chemine sur un axe inhabituellement vertical...

Au restaurant de l'auberge Le Creux du Vent, le menu du chef Bernard, le sympathique propriétaire d'origine suisse, est simple mais très raffiné, et sa table vaut le déplacement pour l'ambiance et la terrasse qu'offre l'établissement ainsi que pour sa valeur imbattable. La terrasse, ombragée par de splendides arbres centenaires et donnant sur un cours d'eau en contrebas, est en effet tout simplement magnifique.

Pensez-y

Dans le cadre des cours offerts avec un instructeur, tout le matériel est fourni.

Si vous pratiquez l'escalade de manière autonome, apportez tout votre équipement.

Apportez des vêtements selon les conditions météo.

Mettez dans un petit sac à dos une collation et de l'eau, pour les avoir avec vous!

De bonnes chaussures de sport assez souples sont indispensables.

Les pieds en l'air

Les adresses

Passe Montagne
1760 2ᵉ Rang
Val-David
819-322-2123 ou
800-465-2123
www.passemontagne.com

Le Creux du Vent
1430 rue de l'Académie
Val-David
819-322-2280 ou
888-522-2280
www.lecreuxduvent.com

Pour s'y rendre

À partir de Montréal, prenez l'autoroute 15 Nord, puis sortez à Val-David.

de Montréal: 1h

de Québec: 4h

Parachutisme

2 $$$$!!!!

À pieds joints dans le vide

Si l'idée de sauter d'un avion en vol fait monter l'adrénaline dans votre sang, si vous vous imaginez joyeusement flotter dans le ciel, libre comme un oiseau, alors allez-y, plongez!

Chez Parachutisme Nouvel Air, on propose de petits sauts en tandem avec un instructeur qualifié, ou des formations plus longues permettant de sauter en solitaire. Mais le saut en tandem est souvent suffisant pour vous donner des sensations extrêmes dont vous vous souviendrez longtemps! Une expérience à essayer, au moins une fois!

Plus tard, question de passer en mode détente et de faire redescendre l'adrénaline, rendez-vous, à Saint-Jean-sur-Richelieu, au restaurant Chez Noeser, qui offre un service des plus agréables et une délicieuse cuisine française tout en créativité. Une terrasse fleurie accueille la clientèle en été. Notez aussi qu'une suite est disponible en formule gîte pour la nuitée, le lieu se vantant d'ailleurs d'être le plus petit hôtel du Québec.

Si vous avez envie de faire la fête et que vous êtes entre amis, au cœur du vieux Saint-Jean, vous trouverez le bistro-pub-sandwicherie La Trinquette, qui rassemble la jeunesse locale et les travailleurs terminant leur journée avec un cinq à sept à durée variable. Un petit menu est disponible, principalement des sandwichs. Une table de billard est aussi sur place et, avis aux connaisseurs, les bières de La Barberie, qui comptent parmi les meilleures bières de microbrasseries du Québec, y sont servies.

Pensez-y

Soyez brave! C'est tout.

Les adresses

Parachutisme Nouvel Air
200 ch. Lebeau
Farnham
450-293-8118
www.nouvelair.ca

Chez Noeser
236 rue Champlain
St-Jean-sur-Richelieu
450-346-0811
www.noeser.com

Bistro La Trinquette
290 rue Champlain
St-Jean-sur-Richelieu
450-349-1811

Pour s'y rendre

À partir de Montréal, prenez l'autoroute 10 Est jusqu'à la sortie pour la route 235 Sud, puis roulez jusqu'à Farnham.

de Montréal: 1h

de Québec: 3h30

Les pieds en l'air

Via ferrata, escalade, tyrolienne, randonnée pédestre

2 ⛰ $$$!!!!

Escalade
dans Charlevoix

Que diriez-vous de grimper une falaise à l'aide d'un câble auquel vous êtes attaché, pour traverser ensuite un petit pont suspendu au-dessus d'une crevasse, descendre en rappel une paroi verticale et terminer votre journée le long d'une tyrolienne filant au-dessus d'un lac glaciaire?

Bienvenue au Parc d'aventure en montagne Les Palissades! De l'escalade sans risques? Vous n'avez aucune expérience dans la pratique de ce sport mais êtes curieux? Pas de problème!

Vous aurez donc la chance de gravir une paroi de 400 m de hauteur, presque verticale, trouver vos prises, hésiter car aucune ne vous semble propre à soutenir votre poids, regarder en bas et trouver que le sol semble bien lointain... Tout cela dans un cadre totalement sécuritaire, par la via ferrata. Un long câble de métal file sur la paroi, et vous y êtes toujours attaché par au moins deux mousquetons pouvant supporter chacun 2000 kg, comme toutes les pièces d'équipement, d'ailleurs. Profitez de la montée, du paysage et goûtez aux plaisirs de l'escalade! Une fois la via ferrata terminée, vous traverserez un petit pont suspendu au-dessus d'un gouffre de quelque 200 m. Et le clou de la journée en quelque sorte consiste en la descente en rappel d'une falaise de 75 m de hauteur. (C'est très haut, surtout lorsque vient le temps de se suspendre dans le vide... Mais rappelez-vous: 2000 kg de résistance par pièce d'équipement!) Peu après, chemin faisant, on termine sa journée par un parcours de tyrolienne de 250 m de long qui passe au-dessus d'un lac glaciaire, en guise de détente...

Ce forfait se nomme le Quatro, mais vous pouvez aussi choisir la via ferrata seulement, et redescendre en randonnée pédestre.

Pensez-y

Munissez-vous de bonnes chaussures de sport souples, et non de bottes de marche trop rigides.

Apportez au moins un litre d'eau par personne.

Votre appareil photo ne saurait être laissé à la maison.

Les pieds en l'air

Les adresses

Parc d'aventure en montagne Les Palissades
1000 route 170
St-Siméon
418-638-3833 ou
800-762-4967
www.rocgyms.com/
palissades

Café Chez-Nous – Bistro européen
1075 rue Richelieu
Pointe-au-Pic (La Malbaie)
418-665-3080
www.cafecheznous.com

Cette activité est ciblée pour tous les groupes d'âge, pour autant que vous soyez en forme. Vous êtes de plus toujours accompagné par un ou deux guides professionnels certifiés pour les sauvetages en hauteur, ce qui rend les risques infimes. Il convient tout de même d'émettre un léger avertissement aux personnes souffrant de vertige. Lors de la montée, la paroi est souvent totalement verticale et plonge sur plus de 200 m.

Peu après cette escapade au grand air, et question de vous remettre en mode relaxation, revenez à La Malbaie et allez au Café Chez-Nous. On peut y prendre un petit apéro ou bien le repas du soir, et l'ambiance chaleureuse et branchée ne se dément pas. On y trouve quelques portos et des bières locales. Le menu est simple mais créatif et saura assurément calmer votre appétit féroce après une telle journée!

Pour s'y rendre

À partir de Québec, prenez la route 138 jusqu'à St-Siméon. De là, suivez la route 170 sur 12 km: le parc se trouve sur la droite.

de Montréal: 5h

de Québec: 2h30

Canyonisme, via ferrata, tyrolienne, randonnée pédestre

3 🧗 $$!!!!

Canyonisme au-dessus de la Sainte-Anne

Les 60 m de falaises verticales qui plongent dans les eaux tumultueuses de la rivière Sainte-Anne servent de prétexte à une excursion en via ferrata, pour s'en mettre plein la vue et les sens.

L'entreprise AventureX organise une activité de canyonisme au cœur du canyon Sainte-Anne. Un peu à la manière de la via ferrata, on chemine sur les parois rocheuses souvent de bonne hauteur, en passant d'un côté à l'autre du canyon en tyrolienne, au-dessus des rumeurs de la rivière en contrebas.

Le canyon Sainte-Anne, où se déroule l'activité et en aval du secteur navigable de la rivière (voir «Rivière Secrète», p 107), se compose de torrents aux flots agités, d'une chute atteignant une hauteur de 74 m et d'une marmite d'un diamètre de 22 m, formée dans le roc par les tourbillons d'eau.

Pour la suite des choses, dirigez-vous vers l'auberge La Camarine (voir p 142), où la table saura amplement récompenser vos efforts!

Si vous êtes sujet au vertige, vous avez tout de même l'occasion de contempler cet impressionnant spectacle grâce aux belvédères et aux ponts suspendus installés sur les lieux, telle la passerelle qui conduit au fond de la gorge.

Pensez-y

Portez des vêtements souples et athlétiques: ils permettent une plus grande aisance de mouvement.

Apportez au moins un litre d'eau par personne.

Les pieds en l'air

Les adresses

Canyon Sainte-Anne
40 côte de la Miche ou
206 route 138
Beaupré
418-827-4057
www.canyonste-anne.qc.ca

AventureX
2350 av. du Colisée
Québec
418-647-4422
www.rocgyms.com/
canopy_canyon

La Camarine
10947 boul. Ste-Anne
Beaupré
418-827-5703 ou
800-567-3939
www.camarine.com

Pour s'y rendre

À partir de Québec, prenez la route 138 Est jusqu'à Beaupré.

de Montréal: 3h30

de Québec: 30 min

Via ferrata, tyrolienne, escalade, observation de la nature

3 $$$!!!

Aventure glaciaire en Côte-Nord

Une expérience aventureuse dans une des rares zones où les traces des glaciers peuvent encore se voir facilement, même après 10 000 ans, cela vous semble intéressant?

C'est exactement ce que propose le Centre Boréal du Saint-Laurent, par l'intermédiaire de plusieurs activités sportives et éducatives. Le projet est né il y a quelques années avec l'aide de l'Université du Québec à Rimouski. Le but est de permettre aux gens de se rendre compte à quel point le paysage a changé avec le passage d'une mer de glace de 4 km d'épaisseur sur le Bouclier canadien.

La journée typique débute vers 9h au centre d'accueil des visiteurs du Centre Boréal, dans la ville de Baie-Comeau. Puis on suit la route 138 sur 8 km au nord de Baie-Comeau, jusqu'à l'accueil du site. Il faut ensuite monter à bord d'un petit engin électrique qui mène aux rives d'un lac glaciaire, et c'est là que commence l'aventure!

On a droit à deux belles tyroliennes d'une bonne longueur, dont une qui passe au ras de l'eau. Par la suite, une promenade de 30 min vous amène au bord du fleuve, où commence la via ferrata. On longe le littoral du fleuve sur des parois parfois parfaitement verticales, mais relativement accessibles la plupart du temps. Tout au long de cette activité, le guide vous explique comment le paysage a été façonné par les glaciers, dont la manifestation la plus visible sont les cannelures, ces espèces de toboggans naturels que les glaces ont creusés en fondant.

Une fois terminé, on peut soit revenir par un sentier pédestre ou descendre la paroi en rappel jusqu'au campement principal. Une belle falaise verticale de 35 m permet de goûter au plaisir de cette technique de descente: il ne faut pas hésiter à accorder une confiance aveugle au matériel qui est d'une efficacité redoutable.

Pensez-y

Apportez un léger pique-nique pour le midi, si vous passez la journée au Centre Boréal.

Habillez-vous en conséquence pour une journée d'activité physique soutenue.

Les pieds en l'air

On pourra par ailleurs en profiter, avant de partir ou au retour, pour visiter la station d'exploration glaciaire, aménagée dans l'église adjacente au centre d'accueil des visiteurs du Centre Boréal du Saint-Laurent, à Baie-Comeau. La station doit ouvrir ses portes en 2009.

Pour le couvert et le coucher, en bordure de l'eau à Baie-Comeau, le beau bâtiment en pierres de taille de l'Hôtel le Manoir propose des chambres spacieuses et lumineuses et s'avère un digne représentant d'une tradition hôtelière de bon goût. La décoration intérieure est magnifique, et la terrasse arrière donnant sur le fleuve vaut le déplacement. De belles œuvres d'art parsèment les couloirs, le salon et le bar. Le service est très attentionné et la table satisfaisante.

Avis à ceux qui ont le vertige: ne vous inquiétez pas outre mesure. Même si à l'occasion le chemin s'avère plutôt... vertical, il n'est en revanche jamais bien haut. Et de plus, l'équipement technique est si solide qu'aucun bris soudain et inattendu n'est à craindre. Allez-y gaiement!

Pour s'y rendre

À partir de Québec, suivez la route 138 jusqu'à Baie-Comeau. Traversez les deux secteurs de la ville et prenez à gauche l'avenue De Maisonneuve.

de Montréal: 8h

de Québec: 5h30

Les adresses

**Centre Boréal
du Saint-Laurent**
3 rue Denonville
Baie-Comeau
418-296-0182 ou
866-999-6630
www.projetcentreboreal.
com

Hôtel le Manoir
8 av. Cabot
Baie-Comeau
418-296-3391 ou
800-463-8567
www.manoirbc.com

Parcours aérien d'aventure, randonnée pédestre

Séjour dans la forêt de Maître Corbeau

Équipé d'un harnais, partez à l'aventure dans une belle vieille forêt à l'aide de câbles, d'échelles et de tyroliennes.

La Forêt de Maître Corbeau offre un très beau parcours d'aventure en forêt, avec plusieurs longues tyroliennes. Situé dans un magnifique domaine privé, le lieu abrite une ancienne forêt qui fait de ce petit parc une belle destination nature pour les familles. On ne doit surtout pas manquer la plus longue tyrolienne au Québec, avec ses 365 m.

En soirée, revenez vers Le Bic et arrêtez-vous au restaurant Chez Saint-Pierre. En plus d'une chaleureuse ambiance de bistro, Chez Saint-Pierre vous offre une expérience gastronomique du terroir pas trop prétentieuse et surtout abordable. Une bonne sélection de bières est aussi au menu. Des concerts et des dîners thématiques sont proposés à l'occasion, ainsi que des expositions d'œuvres d'artistes locaux.

Au Domaine Valga, quelques chalets sont disponibles tout autour du lac appartenant au Domaine Valga, lui-même situé sur le flanc nord du mont Comi. Sinon, un séjour dans l'auberge en rondins est tout aussi agréable.

Pensez-y

Apportez de bonnes bottes et votre bonne humeur!

Les pieds en l'air

Les adresses

**Forêt de Maître Corbeau
et Domaine Valga**
300 ch. des Écorchis
St-Gabriel-de-Rimouski
418-739-4000
www.domainevalga.com

Chez Saint-Pierre
129 rue Mont-St-Louis
Le Bic
418-736-5051
www.chezstpierre.ca

Pour s'y rendre

*À partir de Québec, suivez l'autoroute 20 Est puis la route 132 jusqu'à Ste-Luce.
Prenez ensuite la route 298 Sud, tournez à droite dans le chemin des Écorchis un
peu passé le petit village de St-Donat et suivez les indications.*

de Montréal: 6h

de Québec: 3h

Escalade, kayak de mer, camping, randonnée pédestre

3 $$ *!!!*

Des rochers à la mer

À Saint-André de Kamouraska, il existe un magnifique site d'escalade où du sommet vous pouvez voir toute la région, le fleuve et même les montagnes de Charlevoix dans le lointain.

Les falaises d'escalade de Saint-André de Kamouraska, en plus d'être sécuritaires grâce à une roche particulièrement dure (orthoquartzite), offrent plus d'une centaine de voies d'ascension pour tous les niveaux, à ceux qui désirent relever le défi. En prime, la vue des environs est extraordinaire. Arrêtez-vous au bureau d'accueil de la SEBKA, question de payer votre droit de passage, de connaître les conditions d'utilisation des lieux, et où les préposés se feront un plaisir de vous expliquer comment vous rendre sur place. Durant l'été, vous pouvez réserver les services d'un instructeur qui vous initiera à l'escalade de façon sécuritaire. Allez-y: tout le matériel est fourni!

En fin de journée, question d'équilibrer votre énergie après une bonne poussée d'adrénaline, rendez-vous au Café du Clocher, situé dans une belle vieille maison en plein cœur du village de Kamouraska, un peu en retrait de la route, et entouré d'un beau jardin. Le café est ouvert de 8h à 22h tous les jours et propose un heureux menu santé. Quelques bières de microbrasseries y sont aussi disponibles.

La Halte écologique des battures du Kamouraska (gérée par la SEBKA, et située au même endroit que le bureau d'accueil et d'enregistrement) explique l'importance des battures qui filtrent l'eau du fleuve, servant ainsi d'habitat à de nombreuses espèces d'oiseaux ainsi qu'à plusieurs invertébrés. Le lieu dispose de belvédères offrant une vue imprenable sur le fleuve, et les emplacements de camping sont magnifiques.

Pensez-y

Dans le cadre des cours, tout le matériel est fourni.

Si vous pratiquez l'escalade de manière autonome, apportez tout votre équipement.

Apportez des vêtements selon les conditions météo.

Mettez dans un petit sac à dos une collation et de l'eau, pour les avoir avec vous!

De bonnes chaussures de marche souples sont indispensables.

Les adresses

**SEBKA
(Société d'écologie de la
batture du Kamouraska)**
273 route 132 O.
St-André de Kamouraska
418-493-9984
www.sebka.ca

Café du Clocher
88 av. Morel (route 132)
Kamouraska
418-492-7365
www.cafeduclocher.com

Pour s'y rendre

À partir de Québec, prenez l'autoroute 20 Est jusqu'à St-Pascal de Kamouraska,
puis la route de Kamouraska vers le village du même nom au bord du fleuve. Suivez
la route 132 Est jusqu'à la SEBKA.

de Montréal: 5h

de Québec: 2h

Cerf-volant de traction, cerf-volant des neiges

🎽 $$!!!!

Le vent des Îles

Classé par les médias spécialisés comme l'une des 10 meilleures destinations de sports de glisse et de vent au monde, l'archipel est un paradis pour les adeptes du cerf-volant de traction, du surf cerf-volant ou de la planche à voile. La diversité des plans d'eau et la vélocité des vents comblent débutants et experts.

La baie du Havre aux Basques est un immense plan d'eau peu profond, idéal pour la pratique des sports de voile et de glisse. C'est depuis longtemps un endroit privilégié par les véliplanchistes et de plus en plus par les amateurs de cerf-volant de traction. On y a même aménagé une halte pour accueillir ces sportifs aux abords immédiats de la route 199, le parc Fred-Jomphe.

Si vous ne possédez pas votre propre équipement, sachez que l'entreprise Aérosport Carrefour d'Aventure propose des initiations au cerf-volant de traction, au surf cerf-volant (une sorte de planche à neige fixée aux pieds pour filer sur l'eau) et au char à voile (un engin sur trois roues, propulsé par une voile). En hiver, comme les lagunes sont gelées et que le vent souffle plus qu'en été, l'entreprise propose aussi l'initiation au cerf-volant des neiges, la version en skis du surf cerf-volant.

En soirée, rendez-vous au café-resto-auberge-bar-salle-de-spectacle Les Pas Perdus, à Cap-aux-Meules. C'est le lieu où faire d'heureuses rencontres au détour d'un café ou d'une bière des Îles. Le restaurant propose aussi des mets originaux: hamburger à la viande de requin et poutine au fromage madelinot Pied-de-Vent. Six chambres sont offertes en location à l'étage.

Si vous êtes friand de la gastronomie du terroir, rendez-vous plutôt à la Table des Roy, qui propose une cuisine raffinée, agrémentée de fleurs et plantes comestibles de la région, dans un cadre d'une élégance unique aux Îles.

Pensez-y

Un bon coupe-vent et votre maillot de bain sont les éléments essentiels de ce court séjour.

Les pieds en l'air

Les adresses

Aérosport Carrefour d'Aventure
1390 ch. de La Vernière
L'Étang-du-Nord
418-986-6677 ou
866-986-6677
www.aerosport.ca

Les Pas Perdus
169 route 199
Cap-aux-Meules
418-986-5151
www.pasperdus.com

La Table des Roy
1188 route 199
L'Étang-du-Nord
418-986-3004
www.latabledesroy.com

Pour s'y rendre

À partir de Québec ou de Montréal, il est recommandé de prendre l'avion si vous voulez vous y rendre rapidement. Sinon, il convient de passer par l'Île-du-Prince-Édouard, au port de Souris, d'où un traversier vous conduira aux Îles de la Madeleine en 5h (1 420 km séparent Montréal de Souris).

Vol libre

2 $$$$!!!!

Le Saint-Laurent vu du ciel

Préparez-vous à vivre une expérience digne de vos rêves! Élancez-vous vers l'extrémité d'une falaise qui plonge vers le fleuve sur plus de 400 m, et envolez-vous doucement, comme un oiseau!

La petite entreprise gaspésienne Vue du ciel propose aux débutants des vols d'initiation au deltaplane en tandem. L'activité, d'une durée de 2h, comprend l'ascension du mont Saint-Pierre, la préparation de l'aile et le vol, qui dure plus ou moins une demi-heure. Le deltaplane décolle d'une altitude de 433 m, et l'atterrissage se fait à l'aide des roues fixées à sa structure, dans un champ en bas de la montagne. Voilà pour les informations pratiques. Maintenant, il est difficile d'expliquer le sentiment que provoque le fait de voler (littéralement!) au-dessus du fleuve Saint-Laurent... Enivrant, enlevant et grisant ne sont que de très pâles superlatifs pour décrire les émotions que vous éprouverez une fois dans les airs. À essayer au moins une fois dans votre vie!

Question de remettre vos pieds sur terre après cette activité haute en émotions fortes, offrez-vous un repas à La Broue dans l'Toupet, un petit bistro de la Haute-Gaspésie, qui s'illustre par la créativité de son menu qui change chaque semaine. La cuisine d'inspiration régionale est simple mais très bonne, et la salle à manger est chaleureuse à souhait avec ses coins intimes et son ambiance feutrée. Le bistro sert aussi du café équitable et est l'un des seuls établissements à proposer ce type de café en Gaspésie. Une belle surprise, car on ne s'attend pas à retrouver un tel établissement dans un hameau gaspésien comme Mont-Louis.

Le Festival du vol libre de Mont-Saint-Pierre souligne la vocation sportive de ce hameau. Pendant le mois de juillet, les amateurs de vol libre accourent de partout dans le monde pour se lancer au-dessus du fleuve.

Pensez-y

Comme l'activité a lieu seulement quand les conditions atmosphériques sont exemplaires, une entente de réservation est nécessaire entre vous et l'entreprise. Vous ne serez nullement pénalisé si les conditions ne se prêtent pas au vol.

Une bonne condition physique, et la volonté de se jeter en bas d'une falaise sont des atouts gagnants pour la réussite de cette activité!

Le poids maximal d'un participant est de 82 kg.

Bien entendu, tout l'équipement est fourni.

Les pieds en l'air

Les adresses

Vue du ciel
66 rue Prudent-Cloutier
Mont-St-Pierre
418-797-2025

La Broue dans l'Toupet
20 1re Avenue O. (route 132)
Mont-Louis
418-797-2008

Pour s'y rendre

À partir de Québec, prenez l'autoroute 20 Est puis la route 132 tout droit! Passé Ste-Anne-des-Monts, vous croiserez le petit village de Mont-St-Pierre peu après.

de Montréal: 10h

de Québec: 7h

Canot, kayak, croisière, observation de la nature

🍴 👥 $!

Excursion aquatique sur la rivière des Mille-Îles

Naviguez dans de vastes étendues peu profondes et cheminez dans l'impressionnante forêt bien conservée de l'archipel de la rivière des Mille-Îles, gîte de plusieurs espèces d'oiseaux, de mammifères, de reptiles et de poissons.

Le parc de la Rivière-des-Mille-Îles est le point de départ d'excursions écologiques en canot, kayak, chaloupe ou pédalo sur la rivière qui sépare l'île Jésus (Laval) des Basses-Laurentides. Filez sur l'eau à l'aide d'une carte qui suggère plusieurs parcours autoguidés dans un environnement fascinant où l'eau calme s'harmonise avec le crépitement de la vie sauvage et de la vie humaine, très active si près de Montréal. Vous pouvez également admirer une variété exceptionnelle de plantes aquatiques. Cette section de la rivière est à l'abri des vents, et le courant y est très faible, ce qui facilite l'initiation aux techniques de déplacement et rend l'activité sécuritaire. L'effort fourni à chaque coup d'aviron est récompensé par le coup d'œil que procurent ces petites îles dispersées, où il est possible de faire de courtes randonnées et d'organiser un agréable pique-nique. Restez aux aguets! Vous aurez peut-être la chance d'observer un héron épiant sa proie.

Une autre façon originale et sécuritaire de découvrir la beauté des îles est de naviguer à bord d'un rabaska (ce grand canot à 10 places utilisé pour la traite des fourrures au XVIIIᵉ siècle) en compagnie d'un guide-interprète de la nature, permettant ainsi de remarquer plusieurs aspects de la vie sauvage qui échapperaient aux citadins...

La rivière fait en moyenne 1,5 m de profondeur, ce qui est très peu. Ce phénomène s'explique en partie par sa grande largeur.

Comme l'activité humaine dans la région est très présente, les animaux n'ont pas le choix de chercher refuge dans les quelques havres de verdure qui subsistent, comme ce parc naturel. Les chances d'apercevoir plusieurs espèces animales sont donc très grandes.

Pensez-y

Il est préférable de réserver à l'avance, surtout la fin de semaine, pour tous les types d'embarcations.

Tout l'équipement nécessaire est fourni avec la location, sauf les chaussures que vous devrez être éventuellement prêt à mouiller!

Les pieds dans l'eau

Et tant qu'à être dans le secteur de Laval, prolongez ce petit séjour dans une spacieuse demeure datant du début du XXe siècle qui abrite le charmant resto Les Menus-Plaisirs. À l'intérieur, plusieurs petites salles permettent de recevoir beaucoup de monde… dans un cadre qui reste intime. Une vaste pièce, bien aérée en été, accueille aussi les convives à l'arrière. Elle donne sur la cour, transformée en une splendide terrasse avec clôture couverte de lierre et jolie cascade. Grâce à de grands auvents et à des becs à gaz, on peut s'y attabler souvent jusqu'à la fin du mois d'octobre, un plaisir qui, au Québec, n'a rien de menu… La table d'hôte à cinq services constitue une bonne affaire. S'y côtoient terrine de sanglier, aiguillettes d'autruche, rôtisson de caribou, médaillon de saumon et autres spécialités de fine cuisine régionale. Un bon choix de fondues est aussi proposé. La carte des vins, quant à elle, est fort impressionnante. Voilà qui saura calmer votre appétit après une journée sur la rivière!

....

Pour ceux qui préféreraient s'offrir une croisière commentée par un guide naturaliste, il est possible de s'embarquer sur **Le Héron Bleu***, un ponton à moteur qui permet de naviguer en toute sécurité et d'en apprendre davantage sur la faune et la flore aquatiques locales. Les réservations sont obligatoires.*

....

Pour s'y rendre

À partir de Montréal, prenez l'autoroute 15 Nord, et 15 km plus loin, empruntez la sortie Ste-Rose à Laval. Puis suivez les indications.

de Montréal: 25 min

de Québec: 3h

Croisière

Découvrez le lac Memphrémagog

Filez sur l'eau à bord d'un spacieux navire ou d'une exotique pirogue sur un lac aux eaux azurées.

Pensez-y

Apportez votre appareil photo, ainsi que votre passeport si vous optez pour la croisière qui traverse le lac vers les États-Unis.

Des réservations sont requises.

Les adresses

Les Croisières Memphrémagog
départ du quai MacPherson
au parc de la Pointe-Merry
Magog
819-843-8068 ou
888-842-8068
www.croisiere-
memphremagog.com

Croisière en pirogue
quai MacPherson
Magog
819-574-0039
www.safariloowak.qc.ca/
croisiere.html

**Microbrasserie
La Memphré**
12 rue Merry S.
Magog
819-843-3405

Les Croisières Memphrémagog organisent une excursion de près de 2h sur le lac Memphrémagog, dont les rives touchent à la fois les frontières du Québec et des États-Unis. Une seconde croisière, d'une durée d'une journée, quitte le quai vers 9h en direction du Vermont, où elle fait une brève escale à Newport. En automne, les croisières sont encore plus spectaculaires, alors que les Appalaches arborent leurs couleurs les plus vives! Les tarifs incluent un léger goûter.

Les croisières en pirogues permettent quant à elles de vivre une expérience plus ludique et plus inusitée. À bord d'une longue embarcation agrémentée de bambous et de roseaux, on file sur l'eau au son d'une musique très tropicale. Dépaysant et très agréable au coucher du soleil!

À votre retour, rendez-vous à la confortable microbrasserie La Memphré, qui propose un éclairage discret, des canapés en face d'un bon feu en automne, et des verres d'India Pale Ale ou de Scotch Ale. Elle sert aussi de bistro dont le menu, quoique très satisfaisant, ne réinvente pas la roue. L'établissement dispose d'une belle terrasse en été.

Une légende, dont l'origine se perd dans la nuit des temps, veut que les eaux du lac Memphrémagog contiennent un monstre ressemblant vaguement à un dinosaure. Alors qui sait, vous prendrez peut-être la photo qui fera taire les sceptiques!

Pour s'y rendre

À partir de Montréal, prenez l'autoroute 10 en direction de Sherbrooke et sortez à Magog.

de Montréal: 2h

de Québec: 4h30

Les pieds dans l'eau

Pédalo, observation de la nature

🎫 🏃 $$ ‼

En direction du grand héron ou de la tortue commune?

Aménagé sur un magnifique site tout près de Wakefield, Éco-Odyssée, un véritable labyrinthe aquatique de plus de 6 km et de 50 intersections vous fait vivre une expérience à la fois inusitée et éducative. Côtoyez la richesse du marais bien confortablement installé dans un pédalo et apprenez à mieux connaître les différentes espèces animales et végétales qui habitent ici.

À l'arrivée, vous serez appelé à choisir un parcours d'aventure plus ou moins long, selon le temps dont vous disposez. Avec l'aide d'une liste de lieux à croiser, d'une boussole et d'un livre-guide éducatif, on doit s'efforcer de bien travailler avec ses coéquipiers afin d'être sûr de l'orientation à prendre. Un beau travail d'équipe! Et n'ayez crainte, une radio émettrice est fournie, si jamais vous n'avez plus aucune idée de l'endroit où vous vous trouvez! Tout au long du parcours, le jeu demande de repérer des indices supplémentaires qu'il faut noter et qui mènent à la réponse finale, obtenue sur la terre ferme, au bout d'une courte randonnée d'interprétation sur les batraciens et autres grenouilles.

Michel Leclair, le propriétaire et fondateur du lieu, a toujours été un passionné des castors et de leurs ouvrages aquatiques, ce qui lui a donné l'idée de construire, il y a quelques années, ce labyrinthe éducatif ayant pour thème les milieux humides. Tout l'impressionnant réseau de canaux est d'ailleurs alimenté en eau par des barrages qui s'ouvrent ou se ferment selon le niveau souhaité, à la manière des castors!

En soirée, rendez-vous à la Maison Earle, un beau petit restaurant qui propose une carte classique mais très satisfaisante. Une belle et agréable terrasse donne directement sur la rivière Gatineau.

Les pieds dans l'eau

. . . .

Pensez-y

Une lotion chasse-moustiques peut être très utile étant donné que l'activité se passe directement dans un marécage!

. . . .

Les adresses

Éco-Odyssée
52 ch. des Sources
La Pêche (secteur
Wakefield)
819-459-2551
www.eco-odyssee.ca

La Maison Earle
1 ch. Valley Drive
Wakefield
819-459-1028
www.lamaisonearle.com

Pour s'y rendre

À partir de Montréal, suivez la route 148 en direction de Gatineau, où vous prendrez l'autoroute 5 Nord puis la route 105 jusqu'à Wakefield. De là, continuez jusqu'à la route 366, que vous prendrez à droite. Le site d'Éco-Odyssée se trouve 5 km plus loin.

de Montréal: 2h

de Québec: 5h

Baignade, randonnée pédestre, camping

🏕 👫 $$!

Plage accueillante à un jet de pierre de Montréal!

Une longue étendue de sable fin se prête généralement bien à la promenade, au volleyball ou simplement au bain de soleil, une pratique courante chez les estivants qui visitent le parc national d'Oka et sa célèbre plage.

La plage est située sur les rives du lac des Deux Montagnes, convergence des rivières des Mille-îles et des Outaouais, dont une partie se déverse aussi dans le fleuve Saint-Laurent. On peut aussi y louer des canots, des planches à voile et des pédalos. Une aire de pique-nique, une salle à manger et des toilettes sont évidemment disponibles, et pour ceux qui auraient oublié leur maillot de bain, une petite boutique principalement axée sur les accessoires de plage y est aussi aménagée. Et comme le parc national d'Oka compte par ailleurs de très beaux emplacements de camping, pourquoi ne pas en profiter et y passer la nuit, dans votre tente ou dans une des quatre tentes Huttopia offertes en location? Il faudra seulement vous arrêter au marché local, à Oka (quelques kilomètres après le parc), question de vous pourvoir en nourriture. Agréable et dépaysant!

Pour ceux que quelques heures de plage suffisent, un beau sentier de randonnée pédestre de 4,5 km est aussi tracé dans le parc: le sentier du Calvaire d'Oka. Il s'agit d'un ancien chemin de pèlerinage bordé d'un chemin de croix qui mène à un calvaire. Au sommet du sentier, trois chapelles impressionnent par leur emplacement... De là haut, la vue est splendide: on peut apercevoir toute l'étendue du lac des Deux Montagnes.

En hiver, le parc est très fréquenté par les fondeurs de toute condition physique. Près de 50 km de pistes y sont entretenus mécaniquement, tant pour le pas de patin que pour le pas classique.

Pensez-y

Les frais de location pour les tentes Huttopia sont pour un séjour d'au moins deux nuitées les fins de semaine, avec frais en supplément pour la literie.

N'oubliez pas votre nourriture et une bonne bouteille de vin!

Comme le parc dispose de plusieurs milieux humides et autres marécages, il est tout à fait pertinent de prévoir une bonne lotion chasse-moustiques.

Les pieds dans l'eau

Les adresses

Parc national d'Oka
2020 ch. d'Oka
Oka
450-479-8365 ou
800-665-6527
www.sepaq.com

Pour s'y rendre

À partir de Montréal, suivez l'autoroute 15 Nord, et une vingtaine de kilomètres plus loin, prenez l'autoroute 640 Ouest (l'autoroute se termine littéralement dans le parc national d'Oka!). Il vous suffit de continuer tout droit!

de Montréal: 30 min

de Québec: 3h

Descente de rivière

3 🚶 $$!!!

Vive, la rivière Rouge!

Avec ses joyeux rapides déferlant en une cascade de crêtes écumantes, de chutes et de ressacs, la rivière Rouge promet des sensations fortes tant aux novices qu'aux plus chevronnés.

Pensez-y

Les départs ont lieu tous les jours pendant l'été, mais il convient de réserver à l'avance en raison de la popularité du lieu.

Apportez des vêtements pour l'activité et d'autres pour la soirée.

Des chaussures ou des sandales bien sanglées sont indispensables.

Un chandail en laine naturelle ou en tissu polaire sera aussi pratique, puisqu'il garde au chaud même lorsque mouillé, contrairement au coton.

La rivière Rouge offre de très bonnes conditions d'eau vive, parmi les meilleures au Canada diront certains experts. Évidemment, c'est au printemps, avec la fonte des neiges, que l'on retrouve les conditions optimales pour cette activité. Cette période peut s'avérer très difficile, et il est conseillé d'avoir déjà fait un peu de descente de rivière au préalable. Pour les débutants, la saison idéale est l'été, alors que la rivière n'est pas trop haute et que la température est plus clémente.

Le forfait proposé par le Centre Nouveau Monde inclut deux descentes sur les meilleurs tronçons de la rivière (16 km), soit le canyon Harrington et les Sept Sœurs. Les excursions comprennent tout le matériel nécessaire ainsi qu'un kayakiste de sécurité qui accompagne les canots pneumatiques.

En fin de journée, vous serez convié à l'accueil pour une douche chaude ou une trempette dans le bain à remous. Ensuite, vous pourrez vous attabler devant un succulent repas de steak ou de saumon tout en assistant à la projection des photos ou de la vidéo de votre excursion. De bons moments et de joyeux rires en perspective.

Les adresses

Centre Nouveau Monde
25 ch. Rourke
Grenville-sur-la-Rouge
819-242-7238 ou
800-361-5033
www.raftingnouveau
monde.com

Pour s'y rendre

À partir de Montréal, prenez l'autoroute 15 Nord jusqu'à l'autoroute 50 Ouest, que vous suivrez jusqu'au bout. Puis empruntez la route 148 Ouest et tournez à gauche une vingtaine de kilomètres plus loin, une fois rendu à Grenville-sur-la-Rouge. Puis suivez les indications.

de Montréal: 1h30

de Québec: 4h30

Les pieds dans l'eau

Descente de rivière
1 $$$$!!!

Jouez à saute-mouton!

Vivez de grandes émotions sur le fleuve Saint-Laurent, à deux pas du centre-ville de Montréal!

Nul besoin de fuir la ville pour vivre des émotions fortes en rivière. Au Vieux-Port, montez à bord d'un grand navire pneumatique ou d'un rapide et effilé petit bateau à tuyère, puis passez dans le tordeur des rapides de Lachine. Vous en sortirez complètement trempé mais enchanté!

Et question de rester dans la thématique de l'eau, mais de manière plus contenue, rendez-vous au spa Valmont Beauty Lounge de la rue Sainte-Hélène, offre une des expériences santé-beauté les plus enivrantes de Montréal. Aménagé dans un édifice historique de 1864, il est une adresse de prestige d'une chaîne de spas dont les autres franchises se trouvent à Hong Kong, Barcelone (Espagne) et Verbier (Suisse). Photographies léchées, décor minimaliste, matelas Tempur et couettes en duvet d'oie sont garants d'un moment plutôt... appréciable.

Pour couronner le tout, le restaurant Garde-Manger propose probablement la table la plus éclatée et la plus amusante du Vieux-Montréal. L'ambiance très New York et la générosité des propriétaires en ont fait un lieu de rassemblement pour les jeunes et les moins jeunes branchés de la ville. On y sert surtout des plats de fruits de mer, préparés et présentés de manière simple et originale. Une joyeuse adresse, où il fait bon terminer une journée haute en rebondissements et douceurs.

Pensez-y

Le long imperméable est fourni, mais ne pensez pas que ce sera suffisant pour vous garder au sec!

Apportez des vêtements de rechange.

Les adresses

Saute-Moutons
47 de la Commune O.
Vieux-Port
Montréal
514-284-9607
www.sautemoutons.com

Valmont Beauty Lounge
446 rue Ste-Hélène
Vieux-Montréal
514-510-6850
www.valmont.ch

Garde-Manger
408 rue St-François-Xavier
Vieux-Montréal
514-678-5044

Les pieds dans l'eau

Kayak de mer, observation de la nature

2 🏃 $ *!!!*

Aventure sur le lac Saint-Pierre

Une journée à pagayer sur le lac Saint-Pierre et à côtoyer diverses espèces d'oiseaux migrateurs, comme la bernache et l'oie blanche.

Pensez-y

De bons sous-vêtements athlétiques sous la combinaison isothermique sont de mise, surtout quand l'eau du fleuve au printemps peut s'avérer très froide.

N'oubliez pas votre appareil photo, avec un sac-au-sec si vous en avez un.

Apportez une collation et de l'eau.

Au départ des îles de Berthierville, on a l'occasion de passer une journée de printemps (mi-avril à début juin) à observer les bernaches et autres volatiles réfugiés dans les milieux humides bordant le lac Saint-Pierre. La sortie, organisée par la petite entreprise trifluvienne Maïkan Aventure, est accompagnée d'un guide naturaliste qui donne toutes sortes d'informations sur ces oiseaux au long cours.

Si vous ne prévoyez pas vous rendre dans la région au printemps, sachez que Maïkan Aventure propose la descente de la rivière Saint-Maurice en kayak, d'une durée de 4h, dont les départs ont lieu tous les samedis et dimanches de l'été, selon la température et les réservations.

En soirée, au restaurant L'Essentiel, vous baignerez dans une ambiance feutrée, en plus d'avoir droit à un spectacle imprenable sur le Saint-Laurent. Abandonnez-vous aux doux plaisirs de la table grâce à sa cuisine du terroir actualisée, avec entre autres des plats d'autruche et de wapiti, ainsi qu'un fameux tartare de bœuf Angus. La terrasse est splendide.

En plus d'une boutique où il est possible d'acheter de l'équipement sportif, cette entreprise offre des services de location d'équipement, des cours d'initiation et des formations avancées. Des accompagnateurs pour tous genres de forfaits relatifs à ces activités sont aussi disponibles. Maïkan Aventure étant située sur les berges de la rivière Saint-Maurice, à Trois-Rivières, le cadre ne pourrait être meilleur!

Les pieds dans l'eau

Les adresses

Maïkan Aventure
2206 boul. des Chenaux
Trois-Rivières
819-694-7010 ou
877-694-7010
www.maikan.ca

Restaurant L'Essentiel
10 rue des Forges
Trois-Rivières
819-693-6393

Pour s'y rendre

À partir de Montréal, prenez l'autoroute 40 Est jusqu'à Trois-Rivières.

de Montréal: 1h30

de Québec: 1h30

Kayak de mer

2 $$$ *!!!*

En kayak à −30°C

Normalement, le kayak se pratique en été et par temps clément. Mais avis aux aventuriers et à ceux qui recherchent une expérience nautique sortant de l'ordinaire, vous avez l'occasion de naviguer sur le fleuve Saint-Laurent, au large de Charlevoix, pendant que les glaces se promènent encore et qu'une chute de neige est tout à fait possible.

Pensez-y

L'activité a lieu seulement sur réservation.

Tout l'équipement est fourni.

Un appareil photo semble tout à fait approprié.

Prévoyez peut-être deux jours de disponibilité, afin de maximiser vos chances d'obtenir des conditions météo favorables.

Katabatik Kayak de Mer est une petite entreprise dynamique qui propose une excursion hivernale en kayak de mer d'une durée de 4h, dont les départs ont lieu en alternance à Petite-Rivière-Saint-François et Cap-à l'Aigle. Offrant vêtements isothermiques et encadrement professionnel (plus serré que d'ordinaire), l'activité s'avère aussi sécuritaire en hiver qu'en été, avec l'originalité en plus!

Peu après cette escapade au grand air, on peut aller à La Malbaie se réchauffer et prendre un petit apéro au Café Chez-Nous, dont l'ambiance chaleureuse ne se dément pas. On y trouve quelques portos et des bières locales.

La journée ne saurait être complète sans un arrêt à l'une des grandes tables de la région, sinon du Québec: le restaurant Vices Versa. Monsieur et madame sont deux chefs d'expérience, et leur menu comporte originalement deux volets que vous pouvez agencer à votre goût. La cuisine est hautement créative et gastronomique, et l'ambiance très chic et épurée.

Les pieds dans l'eau

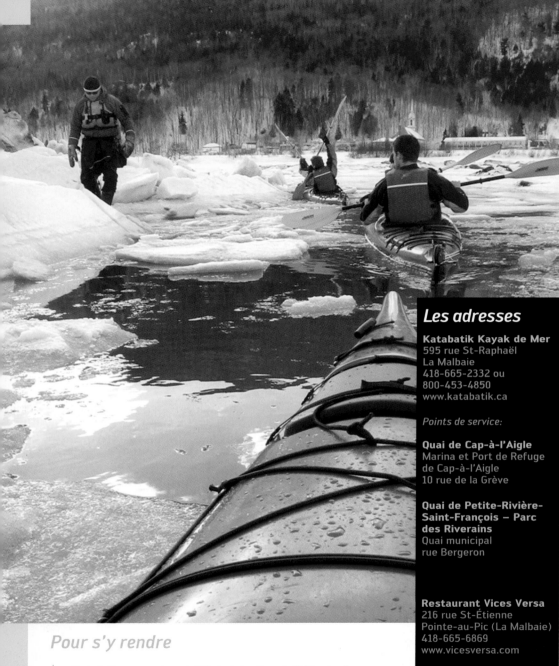

Les adresses

Katabatik Kayak de Mer
595 rue St-Raphaël
La Malbaie
418-665-2332 ou
800-453-4850
www.katabatik.ca

Points de service:

Quai de Cap-à-l'Aigle
Marina et Port de Refuge
de Cap-à-l'Aigle
10 rue de la Grève

**Quai de Petite-Rivière-
Saint-François – Parc
des Riverains**
Quai municipal
rue Bergeron

Restaurant Vices Versa
216 rue St-Étienne
Pointe-au-Pic (La Malbaie)
418-665-6869
www.vicesversa.com

**Café Chez-Nous – Bistro
européen**
1075 rue Richelieu
Pointe-au-Pic (La Malbaie)
418-665-3080
www.cafecheznous.com

Pour s'y rendre

*À partir de Québec, prenez la route 138. Après le village de St-Tite-des-Caps, vous
croiserez Petite-Rivière-St-François, où vous tournerez à droite. Pour Cap-à-l'Aigle,
il faut continuer sur la route 138 jusqu'à La Malbaie, puis prendre le pont à gauche
dans le centre-ville et enfin tourner à droite 3 km plus loin.*

de Montréal: 4h30

de Québec: 1h30

Baignade, kayak de mer

Belle plage, chaud soleil

Endroit idéal pour se prélasser au soleil au nord de Québec, la plage de Saint-Irénée, en plein centre du village, est invitante à souhait.

Lors de votre arrivée au village de Saint-Irénée, vous ne pourrez pas manquer la plage. La route longe la grève tout du long. Et avis aux audacieux, l'eau conserve une température de 4°C à 8°C en été! C'est bien pour les (très) chaudes journées, on s'en remettra seulement au soleil pour les jours normaux...

La petite entreprise charlevoisienne Katabatik Kayak de Mer a pignon sur plage à Saint-Irénée. Si le cœur vous en dit, pourquoi ne pas vous offrir une courte balade sur les flots?

Chaque été, de juin à la fin août, le Festival international du Domaine Forget accueille à Saint-Irénée de nombreux musiciens et chanteurs classiques ou folkloriques de réputation nationale et internationale. Ces artistes viennent présenter leurs spectacles sur la scène de la salle Françoys-Bernier ou pendant les brunchs musicaux qui se déroulent en plein air tous les dimanches.

Pensez-y

Apportez votre serviette de plage, et tout le nécessaire habituel pour ce type de journée!

En face de la plage, le charmant restaurant La Flacatoune détient une formule unique: la guinguette. Sous des airs de valse musette, cueillez votre assiette près du foyer central, choisissez le plat que vous désirez en consultant l'ardoise au centre et dirigez-vous vers les cuistots, auxquels vous indiquez votre préférence, et ceux-ci vous la concoctent sous vos yeux. Tous les produits sont locaux (la provenance des produits est même indiquée sur le napperon). Le propriétaire fait même brasser sa propre bière, qui a d'ailleurs remporté quelques prix: La Flacatoune. Le décor est joli, et si la salle consiste en une sorte de terrasse couverte, un foyer central réchauffe les lieux par temps plus frais.

Les pieds dans l'eau

Les adresses

Domaine Forget
5 rue St-Antoine
St-Irénée
418-452-3535 ou
888-336-7438
www.domaineforget.com

La Flacatoune
180 ch. Les Bains (route 362)
St-Irénée
418-452-8148
www.hotel-motel-charlevoix.com

Katabatik Kayak de Mer
595 St-Raphaël
La Malbaie
418-665-2332 ou
800-453-4850
www.katabatik.ca

Pour s'y rendre

À partir de Québec, prenez la route 138 jusqu'à Baie-St-Paul. De là, bifurquez sur la route du fleuve (362). Vous croiserez le village de St-Irénée 30 km plus loin.

de Montréal: 4h

de Québec : 1h30

Descente de rivière

2 🏃 $$!!!

La rivière Sainte-Anne en pneumatique

Filez sur l'eau à travers de petits rapides entre les parois d'un étroit canyon, et ce, dans une embarcation pneumatique pas plus grande qu'un canot traditionnel.

Pensez-y

Apportez des vêtements que vous serez heureux de mouiller!

De bonnes chaussures à semelles antidérapantes sont de mise.

La rivière Sainte-Anne offre des parcours adaptés tant aux familles qu'aux aventuriers. La section Aventure proposée par l'entreprise Rivière Secrète compte pas moins de 30 rapides de classe I à III, des chutes et cascades ainsi qu'une plage de sable fin pour la baignade en fin de descente. Une belle aventure!

Question de s'attarder dans la région pour y passer la soirée ou même la nuit, dirigez-vous vers Beaupré et l'auberge La Camarine (voir p 142), où la table du resto saura amplement récompenser vos efforts!

Le canyon Sainte-Anne, situé en contrebas de l'endroit où se pratique la descente de rivière, est composé de torrents aux flots agités, d'une chute atteignant une hauteur de 74 m ainsi que d'une marmite d'un diamètre de 22 m, formée dans le roc par les tourbillons d'eau. Les visiteurs ont l'occasion de contempler cet impressionnant spectacle grâce aux belvédères et aux ponts suspendus installés sur les lieux, telle la passerelle qui conduit au fond de la gorge.

Les adresses

Rivière Secrète
3987 av. Royale
St-Ferréol-les-Neiges
418-827-2227
www.rivieresecrete.qc.ca

Canyon Ste-Anne
40 côte de la Miche ou
206 route 138
Beaupré
418-827-4057
www.canyonste-anne.qc.ca

La Camarine
10947 boul. Ste-Anne
Beaupré
418-827-5703 ou
800-567-3939
www.camarine.com

Pour s'y rendre

À partir de Québec, prenez l'autoroute 440 Est puis le boulevard Ste-Anne (route 138) et suivez les indications.

de Montréal: 3h30

de Québec: 30 min

Les pieds dans l'eau

Descente de rivière, canot, randonnée pédestre, pêche, ski de fond, raquette

🏕 2 👣 $$!!!

Descente de rapides sur la Jacques-Cartier

La rivière Jacques-Cartier sait depuis longtemps faire sauter et sursauter les braves qui s'y aventurent au printemps ou au début de l'été.

On peut louer, dans le parc national de la Jacques-Cartier, une embarcation pneumatique (mini-raft) pouvant accueillir six personnes, ainsi que tout l'équipement nécessaire, puis partir à l'aventure sur cette belle rivière au cours tumultueux, mais jamais dangereux.

Pour vous gâter un peu, offrez-vous un repas à la salle à manger de l'Auberge Quatre Temps, Le Laké, située à Lac-Beauport et tout près du parc, qui propose un menu raffiné d'inspiration principalement française. La table d'hôte est un peu chère mais vaut le détour. Une terrasse ensoleillée avec vue sur le lac Beauport agrémente le séjour. Vous pouvez aussi jumeler le repas du soir en forfait avec un séjour au spa de l'auberge, très agréable par ailleurs.

Si vous vous sentez plus animé, la microbrasserie et restaurant Archibald, tout de bois vêtu, offre un service de resto-bar le midi et le soir. Sa belle terrasse avec foyer et bar extérieur est invitante. Le lieu brasse ses propres bières dont les noms évocateurs (La Matante, La Chippie, La Ciboire) laissent songeur… L'endroit se transforme en un bar très animé le soir, avec à l'occasion des musiciens sur scène.

Longue de 177 km, la rivière Jacques-Cartier est la seule rivière du Québec à faire partie du Réseau des rivières du patrimoine canadien, tant pour sa valeur historique et géographique que pour son potentiel récréatif. À l'intérieur des limites du parc national de la Jacques-Cartier, elle compte 26 km de parcours navigable, avec le spectacle des parois escarpées qui s'élèvent à près de 500 m, pour créer un paysage particulièrement impressionnant.

Pensez-y

Sauf quand l'eau est à 15°C et plus, la combinaison isothermique est obligatoire et fournie. Apportez tout de même des sous-vêtements de type athlétique, ajustés au corps.

De bonnes chaussures à semelles antidérapantes que vous pourrez mouiller seront aussi de mise.

Évitez le plus possible les vêtements de coton! Une fois mouillés, ils sèchent lentement et ne vous gardent plus au chaud.

N'oubliez pas votre crème solaire, une bouteille d'eau et une collation.

Des yourtes sont disponibles dans le parc, si vous voulez y passer la nuit.

Les adresses

**Parc national
de la Jacques-Cartier**
route 175 N.
Stoneham-et-Tewkesbury
418-848-3169 ou
800-665-6527
www.sepaq.com

Restaurant Le Laké
Auberge Quatre Temps
161 ch. Tour-du-Lac
Lac-Beauport
418-849-4486 ou
800-363-0379
www.aubergequatretemps.
qc.ca

Microbrasserie Archibald
1021 boul. du Lac
Lac-Beauport
418-841-2224
www.archibaldmicrobras-
serie.com

Pour s'y rendre

À partir de Québec, prenez l'autoroute 73 Nord puis la route 175 vers la réserve faunique des Laurentides. L'entrée du parc se trouve un peu plus loin.

de Montréal: 3h30

de Québec: 45 min

Croisière, observation de la nature

🛏 👫 $$ ‼

Agréable croisière aux baleines

Observez les grands mammifères marins du fleuve aux grandes eaux, confortablement installé dans un magnifique bateau écologique.

Les Croisières Charlevoix proposent une sortie sur le fleuve à bord de ce qui est probablement le meilleur navire d'observation sillonnant les eaux du parc marin du Saguenay–Saint-Laurent. Il s'agit d'un navire écologique qui utilise 25% moins de carburant et qui a remplacé l'hélice par une tuyère, sans danger pour les animaux. Il est par ailleurs le plus rapide et le plus silencieux. Une vue panoramique à 360° permet ainsi d'observer tout ce qui se déroule autour de vous, et le bateau n'est pas surchargé.

En soirée, revenez jusqu'à La Malbaie et rendez-vous à l'Auberge des 3 Canards (voir p 42).

....

De petits canots pneumatiques sont aussi disponibles pour ceux qui veulent voir de plus près ces immenses mammifères marins que sont les baleines!

....

Les adresses

Croisières Charlevoix
départs au quai
de St-Siméon
418-638-1483 ou
866-638-1483
www.baleines.ca

Auberge des 3 Canards
115 côte Bellevue
Pointe-au-Pic (La Malbaie)
418-665-3761 ou
800-461-3761
www.auberge3canards.com

Pour s'y rendre

À partir de Québec, prenez la route 138 en direction de La Malbaie, que vous dépasserez, et filez jusqu'à St-Siméon.

de Montréal: 5h

de Québec: 2h

Pensez-y

Un bon appareil photo est indispensable!

Les pieds dans l'eau

Croisière, observation de la nature

1   🏃 $$$!!!

Expédition aux baleines en Côte-Nord

Pour observer les immenses mammifères qui peuplent le parc marin du Saguenay–Saint-Laurent, plusieurs moyens existent, dont l'excursion en pneumatique qui est proposée dans ce court séjour. Ce petit bateau permet un contact sans compromis avec les magnifiques animaux que sont les baleines.

Pensez-y

Pensez à apporter un appareil photo, mais ne le sortez que lorsque vous serez sûr de prendre un cliché. L'eau salée peut s'avérer fatale pour un fragile et petit appareil électronique.

Il est recommandé de réserver bien à l'avance en haute saison, surtout pour le mois d'août, autant pour les Condos Natakam que pour les croisières.

La communauté amérindienne innue d'Essipit organise des croisières en pneumatique au départ du village de Bergeronnes. Ces sorties en mer vous feront connaître tous les secrets des petits rorquals ou rorquals communs, et avec un peu de chance, vous pourriez même apercevoir une baleine à bosse, qui à l'occasion vous montrera sa queue qui pointe hors de l'eau, ou une baleine bleue, qui n'est vue que quelques fois dans l'année. Les Croisières Essipit sont reconnues pour observer à la lettre les règles strictes du parc marin, ce qui en fait un choix judicieux et respectueux de l'environnement et des animaux.

La Côte-Nord est habitée depuis longtemps par la nation innue. Les communautés nomades, dispersées sur le rivage, vivaient autrefois exclusivement de la chasse et de la pêche. Au milieu du XIXe siècle, l'arrivée de nombreuses familles blanches des Îles de la Madeleine et de la Gaspésie a entraîné leur sédentarisation. Tout de même, ils vouent encore aujourd'hui une admiration particulière à ces grands mammifères.

Côté table et nuitée, le sympathique troquet des Pêcheries Manicouagan, au bord de la route 138 aux Escoumins, permet de déguster tout ce qui vient de la mer à prix honnête. Vous pourrez même en ressortir avec un filet de morue, un pâté aux bleuets ou un fromage local, selon la saison, puisque l'établissement, familial et sans prétentions, est aussi une poissonnerie et une épicerie. Justement, et à titre de suggestion, allez audit restaurant, mais achetez ce qu'il vous faut pour cuisiner vous-même votre plat de

Les pieds dans l'eau

poisson (disons, des pâtes au saumon fumé, cari, câpres, échalotes et crème...) et ramenez le tout aux Condos Natakam, sur la réserve d'Essipit. Ces unités d'hébergement sont de magnifiques installations très conforta-bles, tenues impeccablement, et de construction récente. La vue du fleuve est imprenable, et le séjour se veut tranquille. L'emplacement a ceci de particulier que l'anse en face des appartements est très profonde, et permet souvent d'y apercevoir des baleines, tout en étant confortablement installé dans le salon tout vitré. Les unités sont tout équipées: cuisine, salon, Internet haute vitesse, etc.

Si vous décidez de prolonger votre séjour, reportez-vous à la page 180 pour continuer la découverte de la vie marine du fleuve Saint-Laurent, et faire de cette petite virée une belle escapade!

Pour s'y rendre

À partir de Québec, prenez la route 138 jusqu'aux Escoumins, où se trouve la réserve d'Essipit.

de Montréal: 5h

de Québec: 2h30

Observation de la nature, plongée

⚑ 👥 $$ ‼

Plongez virtuellement dans les eaux du Saint-Laurent

Assistez en direct à l'expédition sous-marine de deux plongeurs et apprenez à connaître les richesses du Saint-Laurent, celles qui sont habituellement dissimulées au regard par plusieurs mètres d'eau. Et qui sait, peut-être voudrez-vous tenter l'expérience, mais réellement cette fois?

Pensez-y

Apportez votre maillot de bain si vous décidez de faire de la plongée en apnée. Tout l'équipement est fourni, mais il faut habituellement porter des sous-vêtements longs sous la combinaison isothermique.

Au Centre de découverte du milieu marin des Escoumins, on propose une magnifique activité à ceux que la plongée sous-marine attire peu, mais qui sont curieux de découvrir des lieux insoupçonnés. L'activité «Fleuve en direct» vous fait rencontrer deux plongeurs et le chef de mission, et assister à leurs préparatifs jusqu'à ce qu'ils plongent. Ils sont équipés d'un système de communication à la fine pointe et d'une caméra HD. À ce moment-là, on se dirige vers la salle de projection où on les observe pendant toute la durée de leur sortie. Ils interagissent en direct avec l'audience pendant tout ce temps, et il est même possible de leur poser des questions, de leur confier des missions, etc. Il n'est pas rare de voir ce genre d'images dans des documentaires, mais rarement en direct et en interaction avec une audience! Les plongeurs descendent jusqu'à une trentaine de mètres, ce qui est considérable. Purement génial et très instructif tant pour les adultes que pour les enfants.

Si vous possédez votre carte de qualification (plongeur certifié), vous avez droit à un service de location complet et peu coûteux. Si vous n'avez pas de certification, le service propose aussi en location tout l'équipement qu'il faut pour plonger en apnée (de préférence à marée basse, où la faune aquatique se rapproche de la surface), activité ne nécessitant aucune certification. Le service est sympathique.

Les pieds dans l'eau

Côté table et nuitée, le sympathique troquet des Pêcheries Manicouagan, au bord de la route 138 aux Escoumins, et les Condos Natakam, à la réserve d'Essipit, permettent de vivre une excellente expérience de villégiature et gastronomique. Reportez-vous à la page 111 pour plus de détails.

....

Si vous décidez de prolonger votre séjour, reportez-vous à la page 180 pour continuer la découverte de la vie marine du fleuve Saint-Laurent, et faire de cette petite virée une belle escapade!

....

Pour s'y rendre

À partir de Québec, prenez la route 138, traversez la région de Charlevoix, et rendez-vous aux Escoumins, quelques dizaines de kilomètres après Tadoussac.

de Montréal: 5h

de Québec: 2h30

Les adresses

Centre de découverte du milieu marin
41 rue des Pilotes
Les Escoumins
418-235-4703
www.parcmarin.qc.ca

Restaurant Pêcheries Manicouagan
152 rue St-Marcellin
Les Escoumins
418-233-3122
www.pecheman.com

Vélo de montagne, ski alpin, randonnée pédestre, parc aquatique

3 $$$!!!

À vélo sur des pentes de ski

Dévalez les pentes de Bromont à grande vitesse et laissez l'adrénaline décider si vous mettez les freins ou si vous continuez de plus belle!

Pensez-y

Un casque est notoirement recommandé pour ce type de descente.

N'oubliez pas votre maillot de bain et une serviette si le parc aquatique vous attire.

Les adresses

Ski Bromont
150 rue Champlain
Bromont
450-534-2200 ou
866-276-6668
www.skibromont.com

Auberge du Joli Vent
667 ch. Bondville
Lac-Brome
450-243-4272 ou
866-525-4272
www.aubergedujolivent.
com

La Station de ski Bromont compte près de 100 km de pistes de vélo de montagne, pour la plupart intermédiaires ou expertes. Vous pouvez aussi profiter du service de télésiège, et n'effectuer que la belle part: descendre! Après quelques aventures, si la chaleur se fait sentir, filez jusqu'au parc aquatique tout près et plongez dans la piscine à vagues ou offrez-vous la descente torrentielle en chambre à air ou en raft, pour ensuite aller vous reposer au grand lagon.

Pour une soirée agréable après de telles émotions, descendez à l'Auberge du Joli Vent, aménagée dans une maison de ferme du XIXᵉ siècle, aux abords d'un splendide terrain de 47 ha, tout près de Foster et du lac Brome. Le restaurant de l'auberge est une table originale, créée par le chef suisse-allemand Hans Christiner, dont l'expérience a été puisée en peu partout en Europe et en Asie. Le menu se compose de gibiers du Québec, de légumes de saison apprêtés à l'européenne, mais avec des accents d'Extrême-Orient, ce qui le rend tout à fait unique. La salle à manger est chaleureuse et sympathique. L'auberge abrite 10 chambres charmantes et très confortables.

L'hiver venu, une station de ski populaire et très agréable, avec 92 pistes, courtes il faut l'admettre, prend le relais du centre de vélo de montagne.

Les pieds sur les pédales

Pour s'y rendre

À partir de Montréal, prenez l'autoroute 10 Est, puis sortez à Bromont.

de Montréal: 1h

de Québec: 4h

Vélo de randonnée, promenade, observation de la nature

Aux îles de Boucherville!

Passez d'une île à l'autre en prenant un bac à câble, manière ancestrale de franchir un cours d'eau, mais qui fait figure de petite aventure aujourd'hui.

Pensez-y

Apportez un chapeau, un vélo et votre bonne humeur!

N'oubliez pas des jumelles pour observer les oiseaux.

Le parc national des Îles-de-Boucherville est principalement voué aux activités de plein air. Aussi, durant la saison estivale, le cyclisme y est-il à l'honneur. Les sportifs ont alors tout le loisir de sillonner le parc: des bacs à câble les mènent d'une île à l'autre de manière agréable, ces traversées servant de prétexte à une pause pour observer les alentours. Riches en oiseaux de toutes sortes, les lieux s'avèrent très prisés par les ornithophiles.

Côté table, au cœur du Vieux-Longueuil se niche un charmant petit restaurant. En effet, il fait bon se retrouver entre amis au Lou Nissart afin de savourer sa réjouissante cuisine provençale. La terrasse est agréable par les chaudes journées d'été.

On trouve aussi dans le parc un terrain de golf et des aires de pique-nique. Pour voir les îles sous un tout autre angle, il est possible de se promener en canot ou en kayak: quatre circuits totalisant 28 km permettent aux canoteurs et kayakistes de découvrir maints aspects des côtes des îles. Le parc est ouvert toute l'année.

Les adresses

Parc national des Îles-de-Boucherville
55 île Ste-Marguerite
Boucherville
450-928-5088 ou
800-665-6527
www.sepaq.com

Lou Nissart
260 rue St-Jean
Vieux-Longueuil
450-442-2499
www.lounissart.ca

Pour s'y rendre

On accède au parc national des Îles-de-Boucherville par l'autoroute 20, sortie 89, ou par le bateau-passeur partant de Longueuil (promenade René-Lévesque) ou de Montréal (parc de la Promenade Bellerive).

de Montréal: 15 min

de Québec: 2h45

Les pieds sur les pédales

Vélo, découverte agroalimentaire
🎽 $$ ‼

La route des cidres à vélo

Parcourez les collines et les routes panoramiques des Cantons-de-l'Est à vélo, tout en goûtant le nectar venant des vergers de la région.

Le vignoble et verger Val Caudalies est une sympathique exploitation tenue par trois jeunes entrepreneurs qui proposent la dégustation de leurs fins produits, mais aussi l'autocueillette de raisins et de pommes. Comme leurs vignes sont situées à quelque distance de la route, une belle randonnée doit être effectuée afin de s'y rendre, le tout dans un décor enchanteur. Des aires de pique-nique sont aussi au rendez-vous.

Le Domaine Pinnacle n'a presque plus besoin de présentation. Un des premiers vergers à produire du cidre de glace au Québec, il a acquis une réputation presque internationale. On peut y visiter les salles de fermentation, le verger et discuter des méthodes de cueillette tardive.

Le Clos Saragnat est le verger et vignoble de Christian Barthomeuf, le «père du cidre de glace au Québec». Il est celui qui a dirigé les plantations de pommiers pour le Domaine Pinnacle, pour les vergers de La Face Cachée de la Pomme et pour certains vignobles de renom comme celui de la chapelle Sainte-Agnès à Sutton... Les cuvées du Clos Saragnat sont inventives et consistent en des produits d'exception, tel leur magnifique cidre amer. Très sympathique visite à ne pas manquer, si vous voulez en savoir un peu plus sur le cidre de glace.

En soirée, dirigez-vous vers Dunham: le P'tit Bacchus et la Public House sont des incontournables (voir p 120).

Pensez-y

Que vous soyez à vélo ou en voiture, modérez vos consommations, ou faites appel à un chauffeur désigné!

Les adresses

Val Caudalies – Vignoble et Cidrerie
4921 rue Principale
Dunham
450-295-2333
www.valcaudalies.com

Clos Saragnat
100 ch. Richford
Frelighsburg
450-298-1444
www.saragnat.com

Domaine Pinnacle
150 ch. Richford
Frelighsburg
450-298-1222
www.domainepinnacle.com

Bistro Le P'tit Bacchus et Public House
3809 rue Principale
Dunham
450-295-2875 www.betf.ca

Pour s'y rendre

À partir de Montréal, prenez l'autoroute 10 Est, jusqu'à la route 139 Sud, qui deviendra la route 202. Un peu passé Dunham se trouve le village de Frelighsburg.

de Montréal: 1h

de Québec: 3h30

Vélo, découverte agroalimentaire

2 $$!!

Exploration viticole à vélo en Estrie

Parcourir à vélo les coteaux vallonnés des Cantons-de-l'Est est un pur délice pour les yeux... et peut facilement devenir un pur délice pour les papilles!

Le vignoble de L'Orpailleur, un des premiers vignobles du Québec, est aussi l'un des plus réputés. Le lieu, en plus de ses vignes, de sa boutique et de son bistro, abrite un intéressant Économusée de la vigne. On y trouve un service de restauration dit de «table champêtre» dénommé le Tire-Bouchon.

Le Domaine des Côtes d'Ardoise est le premier vignoble de Dunham, et l'un des seuls vignobles québécois à produire un vin rouge sec. Encore une fois, on a droit à l'accueil chaleureux du vigneron, et une exposition d'art sculptural moderne est présentée à travers le domaine.

Situé au sud de Sutton, le Vignoble de la chapelle Sainte-Agnès, un peu éloigné d'autres cultures de la région, mérite fortement le détour. L'aménagement des lieux fait suite à une expérience complètement hallucinante ayant pour résultat la construction d'un vignoble en étage, dont la production est entièrement dédiée au vin de glace. Une des cuvées a par ailleurs gagné des prix dans plusieurs concours internationaux. La visite des caves vous laissera littéralement sans voix, avec ses innombrables salles, ses quatre niveaux souterrains et ses dédales labyrinthiques. Les propriétaires ont fait venir des compagnons maçons de France pour réaliser les ouvrages en pierre de taille.

Pour la soirée, demeurez dans la région. Établi dans un joli bâtiment de briques rouges datant du XIXᵉ siècle, Le P'tit Bacchus est un attrayant restau-

Pensez-y

Cette petite région comporte près de 20 vignobles, offrant tous des produits intéressants et particuliers.

Que vous soyez à vélo ou en voiture, modérez vos consommations, ou faites appel à un chauffeur désigné!

Au Vignoble de la chapelle Sainte-Agnès, il est obligatoire de réserver à l'avance, et les visites se font pour des groupes de huit personnes ou plus. En été, une visite «portes ouvertes» a lieu à 13h30 les mercredi et dimanche.

On doit réserver pour le restaurant de L'Orpailleur, le Tire-Bouchon.

*Les pieds **sur les pédales***

rant. À l'intérieur, les murs de briques ont été préservés et servent mainte-nant de support aux œuvres d'artistes des environs. Le menu comporte surtout des spécialités du sud de la France, comme la bouillabaisse et le cassoulet. En saison, profitez d'une terrasse dans la cour arrière, partagée avec la microbrasserie voisine, la Public House. Cette dernière est située à l'intérieur de l'ancien relais de diligence de Dunham, ce qui lui confère un charme très caractéristique et en fait un lieu tout indiqué pour les soirées entre amis. S'y attabler peu aussi servir de prétexte à l'apéro, avant d'aller manger.

....

Le visiteur européen pourra trouver bien prétentieux d'entendre parler de «Route des vins» (route 202) pour décrire le parcours entre Dunham et Stanbridge East, mais l'expérience québécoise en matière de viticulture est tellement surprenante et la concentration de vignobles dans cette région si unique au Québec que l'enthousiasme l'a emporté sur la mesure. La région bénéficie tout de même d'un microclimat et d'un sol propice à la culture de la vigne (ardoise).

....

Pour s'y rendre

À partir de Montréal, prenez l'autoroute 10 Est jusqu'à la route 139 Sud, qui deviendra la route 202.

de Montréal: 1h

de Québec: 3h30

Vélo de route

2 ♟ $ ‼

En selle sur l'Estriade

La Montérégie et les Cantons-de-l'Est comptent plusieurs très belles pistes cyclables. L'Estriade et les Montérégiades ne font pas exception, au contraire!

La piste cyclable l'Estriade débute à Granby, au lac Boivin, et est bordée d'arbres sur ses 21 km. Elle relie Granby, Bromont et Waterloo, et fait aussi une belle boucle (facultative) par le parc national de la Yamaska. La piste a été aménagée sur le tracé de la voie ferrée qui traversait autrefois ces municipalités, donc pas d'interminables côtes à grimper ici, sauf de temps à autre un léger faux-plat. Ce parcours récréatif (par opposition à sportif), en plus d'être sécuritaire, convient tout à fait aux familles qui désirent se fondre dans la nature pour une journée de fin de semaine. À Granby, elle rejoint la piste Montérégiade 1, qui mène à Farnham 25 km plus à l'ouest.

En soirée, et question de reposer vos mollets, arrêtez-vous à Bromont, au restaurant Les Délices de la table, aux allures champêtres avec ses murs jaune soleil, ses rideaux de dentelle et ses nappes à motifs de fleurs et de fruits. C'est le genre d'établissement où l'on se sent bien dès qu'on franchit la porte. Vous pourrez déguster de délicieux plats à base de produits régionaux, préparés avec soin et raffinement par le chef, qui est aussi le propriétaire. Il est préférable de réserver car l'établissement, en plus d'être petit, est très fréquenté. Une belle manière de terminer votre journée en beauté!

*Presque toutes les pistes cyclables de la Montérégie et des Cantons-de-l'Est se rejoignent et forment une section régionale de la Route verte, qui traverse le Québec. Pour de plus amples renseignements sur les pistes cyclables dans ces deux régions, vous pouvez vous procurer la très bonne carte **Les Cantons-de-l'Est à vélo** auprès de Tourisme Cantons-de-l'Est ou même la consulter en ligne sur le site **www.cantonsdelest. com**, et visiter le site **www.tourisme-monteregie.qc.ca/ cyclotourisme**. Vous trouverez parmi ces riches ressources des circuits routiers, des pistes dédiées, des itinéraires de voyage ainsi que des circuits thématiques.*

Pensez-y

Apportez une collation et de l'eau.

Des vêtements selon les conditions météo sont indispensables.

*Les pieds **sur les pédales***

Pour s'y rendre

À partir de Montréal, prenez l'autoroute 10 Est et sortez à Granby, où, près du centre-ville, vous trouverez le lac Boivin et un stationnement.

de Montréal: 1h15

de Québec: 4h

Vélo de randonnée, observation de la nature

2 $!!

Cheminez vers la frontière

Enfourchez votre vélo et filez vers la frontière américaine sur une piste qui vous fait passer par des corridors de roc, des marais envahis de fougères ou des étangs au-dessus desquels voltigent plusieurs oiseaux en belle saison.

La piste cyclable Tomifobia n'est pas encore très connue, pourtant elle fait partie des petits secrets que de plus en plus de cyclistes découvrent. Reliant Ayer's Cliff à la frontière américaine, 20 km plus loin, elle occupe l'emprise ferroviaire qui courait autrefois de Boston à Montréal. Elle ne présente donc aucune pente, si ce n'est un faible dénivelé. Cette piste recouverte de poussière de roche vous plongera dans un environnement naturel étonnant dès que vous vous éloignerez d'Ayer's Cliff.

En plus d'une forêt qui succède aux plaines, la rivière Tomifobia tient constamment compagnie aux cyclistes. Juste au sortir du minuscule hameau qui porte son nom, un sentier discret permet de descendre sur les rochers d'un de ses rares rapides et de cacher les vélos pour aller s'y étendre ou pique-niquer. Comme les chevreuils abondent dans la région, vous avez de fortes chances d'en apercevoir: tenez vous à l'affût!

Vers la fin du parcours, si vous êtes parti d'Ayer's Cliff, arrêtez-vous au petit bistro Le Tomifobia, qui propose une cuisine moderne et raffinée dans une ambiance champêtre. Son menu est surtout axé sur les spécialités bretonnes, comme les crêpes et les salades composées. Une bonne sélection de plats cuisinés y est aussi à l'honneur, et la terrasse ensoleillée vous charmera à coup sûr. Mais ce sera alors le temps d'enfourcher votre vélo à nouveau...

Situé dans un magnifique domaine au sommet d'une colline, Bleu Lavande est le seul producteur de lavande certifiée au Québec. Sa boutique propose mille et un produits à base d'huile essentielle de lavande pure à 100%. Un splendide détour qui vous fait découvrir un autre coin des Cantons-de-l'Est, à quelques kilomètres de la piste Tomifobia.

Pensez-y

Apportez tout votre équipement de cycliste averti.

De l'eau en bonne quantité et une collation vous permettront de mieux vivre cette petite aventure.

*Les pieds **sur les pédales***

Les adresses

**Sentier Nature
Tomifobia**
entre Ayer's Cliff et Beebe
Plain
819-876-5958
www.sentiertomifobia.com

Bleu Lavande
891 ch. Narrow (route 247)
Stanstead (Fitch Bay)
819-876-5851 ou
888-876-5851
www.bleulavande.ca

Restaurant Le Tomifobia
2 rue Elm
Stanstead (Beebe Plain)
819-876-7590
www.letomifobia.com

Pour s'y rendre

À partir de Montréal, prenez l'autoroute 10 Est puis l'autoroute 55 Sud jusqu'à Ayer's Cliff.

de Montréal: 2h

de Québec: 4h30

Vélo

🎫 🏠 $ ‼

Le tour de l'île aux Coudres en quadricycle

À bicycle, tricycle ou quadricycle, le tour de l'île aux Coudres est une belle activité familiale qui permet de vivre, ne serait-ce qu'un après-midi, la vie des insulaires au rythme du fleuve.

Petit parcours typique et populaire, le tour de l'île aux Coudres prend tout son sens à vélo. Le terrain est assez plat, et la routine du coup de pédales permet de savourer la beauté de son superbe paysage et de profiter du fleuve, envoûtant et omniprésent. La pointe de l'Islet, à l'extrémité ouest, offre un paysage grandiose sur le fleuve Saint-Laurent, avec ses rochers qui ne sont pas sans rappeler la Bretagne. Du côté est de l'île, Vélo-Coudres loue des vélos pour tous les goûts.

De retour sur la terre ferme, le restaurant Les Saveurs Oubliées se veut un complément à la Ferme Éboulmontaise, où sont élevés des agneaux et où poussent divers légumes biologiques. Directement de la ferme dans votre assiette, donc! Dans une petite salle au décor champêtre, dégustez une fine cuisine élaborée par un chef d'expérience, Régis Hervé, à partir de ces produits de qualité auxquels d'autres produits régionaux viennent s'ajouter. Le nom de l'établissement évoque le désir du chef de remettre au goût du jour des recettes qui, autrefois, mijotaient longtemps, lentement, dans des cocottes en terre cuite, pour laisser se fondre toutes les saveurs... Vous pouvez aussi vous procurer de petites douceurs dans la boutique adjacente.

C'est Jacques Cartier qui, ayant remarqué les nombreux coudriers (noisetiers) qui y poussaient, a donné son nom à l'île en 1535. Sa colonisation s'est amorcée vers 1710 sous la direction du Séminaire de Québec. Au fil des ans, la population de l'île a acquis une certaine autonomie du fait de son isolement, ce qui lui a permis de conserver vivantes certaines traditions ancestrales disparues depuis bien longtemps dans les autres régions du Québec. Aujourd'hui, la municipalité de l'Isle-aux-Coudres couvre toute l'île.

Pensez-y

Le traversier pour l'île aux Coudres est gratuit.

Il est préférable de réserver à l'avance aux Saveurs Oubliées, et apportez-y votre vin!

Les pieds sur les pédales

Les adresses

Vélo-Coudres
2926 ch. des Coudriers
L'Isle-aux-Coudres
418-438-2118
www.charlevoix.qc.ca/
velocoudres

Les Saveurs Oubliées
350 route 362
Les Éboulements
418-635-9888
www.agneausaveurs
charlevoix.com

Pour s'y rendre

À partir de Québec, prenez la route 138 en direction de Baie-St-Paul puis la route 362 (Route du Fleuve) jusqu'au village des Éboulements. Descendez ensuite la côte jusqu'à St-Joseph-de-la-Rive, où se trouve le traversier qui vous mènera à l'île aux Coudres.

de Montréal: 4h30

de Québec: 1h30

Vélo

🚲 👫 $$ ‼

En selle
sur l'île d'Orléans

La route qui fait le tour de l'île d'Orléans est pittoresque à souhait, et c'est surtout à vélo qu'on peut prendre son temps pour en contempler les magnifiques paysages, admirer la richesse d'une histoire et d'une architecture uniques au Québec.

Pour attaquer les côtes et vallons de la splendide île d'Orléans, la boutique Écolo-Cyclo a ce qu'il vous faut. En plus du service de location, de réparation et du transport aller-retour de Québec, elle offre même en location des vélos électriques, pour les promeneurs plus tranquilles.

Les proprios du Manoir Mauvide-Genest ont eu la bonne idée de partager leurs locaux avec le chef Bolduc, ce qui permet de déguster de bons petits plats dans un cadre historique et dépouillé. La cuisine d'inspiration Nouvelle-France est ici fusionnée à la tradition amérindienne, et les produits du terroir y sont incontestablement en vedette. Tous les plats rivalisent de créativité et résultent d'une savoureuse audace.

Du côté nord de l'île, le joli pub d'inspiration anglaise Le Mitan brasse ses propres bières, dont quatre sont servies toute l'année et d'autres selon les saisons. De plus, un menu limité mais délicieux, essentiellement composé de pâtés et de choucroute, y est proposé. Belle ambiance décontractée et heureuse terrasse d'où la vue sur le fleuve et la côte de Beaupré est prenante.

L'Espace Félix-Leclerc abrite une exposition permanente sur la vie et l'œuvre de Félix Leclerc, la reconstitution de son bureau de travail, une boîte à chansons, une boutique et un comptoir de restauration. À l'extérieur, vous pourrez profiter de quelques courts sentiers pédestres et de belles vues sur le fleuve.

Pensez-y

Préparez-vous à affronter de bonnes côtes... Apportez donc de l'eau pour la journée.

Pour le restaurant du Manoir Mauvide-Genest, il est préférable de réserver à l'avance.

Les pieds sur les pédales

Les adresses

Écolo Cyclo
1979 ch. Royal
St-Laurent-de-l'Île-
d'Orléans
418-828-0370
www.ecolocyclo.net

**Restaurant du Manoir
Mauvide-Genest**
St-Jean-de-l'Île-
d'Orléans
1451 ch. Royal
418-829-2630
www.manoirmauvide
genest.com

Pub Le Mitan
3887 ch. Royal
Ste-Famille-de-l'Île-
d'Orléans
418-829-0408
www.microorleans.com

Espace Félix-Leclerc
682 ch. Royal
St-Pierre-de-l'Île-
d'Orléans
418-828-1682
www.felixleclerc.com

Pour s'y rendre

À partir de Québec, prenez l'autoroute 440 en direction est jusqu'à la sortie pour le pont de l'île d'Orléans.

de Montréal: 3h

de Québec: 30 min

Ski de fond, raquette

2 🏃 $ ‼

Les pistes de Jackrabbit

Aux amateurs de ce sport de glisse au mouvement méditatif, les Laurentides proposent plusieurs centres permettant de s'y adonner gaillardement. Le parc régional Dufresne est probablement l'un des plus intéressants de la région.

Durant l'hiver, au parc régional Dufresne, plus de 90 km de sentiers de ski de fond sont magnifiquement entretenus. Ces pistes sillonnent une région de forêts et de collines permettant aux skieurs d'apprécier de beaux paysages et des conditions de glisse presque parfaites. On y trouve entre autres la célèbre piste Maple Leaf, ouverte par nul autre que Herman Smith-Johannsen, surnommé affectueusement Jackrabbit.

Question de bien terminer votre journée au grand air, le sympathique restaurant Au Petit Poucet vous propose une bonne cuisine québécoise de type traditionnel. Ne manquez surtout pas la spécialité de la maison, le jambon fumé à l'érable. L'atmosphère est détendue, et l'on y vient pour prendre un repas entre amis. Véritable institution régionale depuis 1945, l'établissement a été totalement dévasté par un incendie en 2007. La reconstruction étant maintenant terminée, le lieu accueille de nouveau les convives dans une toute nouvelle salle chaleureuse et intime.

Pensez-y

Apportez votre équipement car la location n'est pas offerte.

Les adresses

Parc régional Dufresne
ch. du Lac-LaSalle
Val-Morin
819-322-2834
Chalet d'accueil Anne-Piché
1165 rue Condor
Val-David
819-322-6999
www.parcregionaldufresne.com

Au Petit Poucet
1030 route 117
Val-David
819-322-2246 ou
888-334-2246
www.aupetitpoucet.com

Pour s'y rendre

À partir de Montréal, prenez l'autoroute 15 Nord jusqu'à la sortie pour les villages de Val-David et de Val-Morin.

de Montréal: 1h

de Québec: 4h

Les pieds dans la neige

Ski de fond, raquette

Du ski de fond en plein Montréal

Chausser ses bottes de ski de fond, saisir ses skis sous le bras et prendre le métro ou l'autobus jusqu'au parc Maisonneuve, question d'aller en tester les dix-sept kilomètres de pistes, cela semble-t-il attirant?

Les adresses

Parc Maisonneuve
4601 rue Sherbrooke E.
Montréal
514-872-6555
ville.montreal.qc.ca

Les Cabotins
4821 rue Ste-Catherine E.
Montréal
514-251-8817

Le lieu propose de belles pistes tracées pour les amateurs de ce sport de glisse qui n'ont pas toujours l'occasion de sortir de la ville. Le cadre est surprenant, et le fait d'être en ville permet d'apprécier encore plus le moment.

Et question d'explorer les diverses possibilités du quartier, restez dans Hochelaga-Maisonneuve pour la soirée et dirigez-vous vers le restaurant Les Cabotins. Installé dans une ancienne mercerie dont il a conservé le décor, l'établissement propose une cuisine française non dénuée d'excentricité. Les associations de saveurs (saumon aux agrumes, escargots à la fraise et au Ricard...) sont toujours heureuses et raffinées. Le décor est à l'image du menu: kitsch et chic à la fois, avec ses tables en formica et ses nombreuses lampes créant une ambiance intime. Et pour ceux qui se poseraient la question, on peut même laisser ses skis et ses bâtons à l'entrée!

Les pieds dans la neige

Ski de fond, ski alpin, randonnée pédestre

2 ♦ $!!

Saint-Bruno en skis de fond

Partez explorer d'agréables pistes qui ont l'avantage certain, outre la qualité de leur tracé et le paysage qu'elles dévoilent, de se trouver à faible distance de Montréal.

Au parc national du Mont-Saint-Bruno, pendant l'hiver, on peut faire du ski de randonnée sur neuf pistes totalisant 35 km, le long desquelles de petits refuges chauffés accueillent les skieurs. Au sommet du mont se nichent deux lacs, le lac Seigneurial et le lac du Moulin, à proximité duquel s'élève un moulin à eau du XIXe siècle. Le parc est un agréable lieu de promenade et de détente. Des sentiers d'auto-interprétation et des promenades guidées ont pour but de le faire connaître aux visiteurs.

Après une journée au cours de laquelle vos joues ont rougi de froid, allez vous réchauffer à La Rabastalière, aménagée dans une chaleureuse maison centenaire. Ce restaurant propose une savoureuse cuisine française classique, et son menu gastronomique se compose de six services et varie chaque semaine. Un solarium est également mis à la disposition des convives qui désirent manger en toute quiétude par une journée ensoleillée. Le service est sympathique et le menu excellent.

On trouve aussi au mont Saint-Bruno la plus grande école de ski alpin au Canada (www.montsaintbruno.com).

Pensez-y

Apportez vos skis de fond, mais si vous n'en avez pas, ne vous en faites pas car le parc fait la location d'équipement très correct.

Une collation et de l'eau sont des éléments indispensables pour passer une belle journée sur les pistes.

Les adresses

Parc national du Mont-Saint-Bruno
330 rang des 25 E.
St-Bruno-de-Montarville
450-653-7544 ou
800-665-6527
www.sepaq.com

La Rabastalière
125 ch. de la Rabastalière
St-Bruno-de-Montarville
450-461-0173

Pour s'y rendre

À partir de Montréal, prenez l'autoroute 25 Sud qui devient l'autoroute 20 Est, et sortez à St-Bruno-de-Montarville 20 km plus loin.

de Montréal: 30 min

de Québec: 2h30

Ski alpin, ski de fond

2 🚶 $$$ – $$$$!!!

Ski et feu de bois à l'incontournable Tremblant

En raison de sa relative proximité de Montréal, il s'est développé à Tremblant une industrie touristique qui offre un niveau de confort pratiquement inégalé à ce jour au Québec. Dévalez des pistes neigeuses de haut calibre en planche ou à skis pour ensuite errer tranquillement dans le petit village touristique de Tremblant, avec ses cafés et boutiques. Le repas et la nuitée ne sont pas en reste. Voyez plutôt.

Fondée en 1938, la station de ski Mont-Tremblant, appelée tout simplement «Tremblant» par ses fans, est reconnue comme l'un des plus importants centres récréotouristiques d'Amérique du Nord. Elle offre maintenant une quinzaine de pistes sur le versant Soleil, orienté plein sud et protégé du vent. En tout, la station compte 94 pistes sillonnant ce mont de 875 m d'altitude pour un dénivelé de 645 m, auxquelles il faut ajouter deux parcs à neige avec demi-lunes pour les amateurs de sensations fortes! Sans parler de l'agréable village de sports s'étendant à son pied. Les 6 km de la Nansen ne feront qu'amplifier l'enthousiasme des débutants; les pistes Zig Zag et Vertige, comme leur nom le laisse présager, enflammeront les experts; et les 77 ha de sous-bois enchanteront les aventuriers.

....

Les Algonquins prétendent que le mont Tremblant, qui surplombe un beau pays de lacs et de forêts, est habité par des esprits qui le font trembler de colère lorsqu'un individu ou un intrus ne respecte pas les règles édictées par le conseil des Manitous (autorités surnaturelles pouvant s'incarner dans des personnes ou dans des objets). Ces lois sacrées sont les suivantes: **Ne tue point, sauf pour te défendre ou par nécessité. Aime la plus humble des plantes et respecte les arbres.**

....

Côté hébergement, le choix ne manque certainement pas dans la région. Le Refuge B&B propose cinq chambres dans une magnifique maison en bois. La vue est tout simplement incroyable, surtout depuis la suite, qui s'étale sur deux niveaux. Les douches en céramique, les lits douillets et les services disponibles aux chambres (ordinateur avec Internet, petits déjeuners servis aux chambres...) sont garants du haut niveau de confort des lieux. Le propriétaire est discret, et le gîte se trouve à quelques kilomètres de Tremblant, dont les pistes sont visibles même si vous avez encore la tête sur l'oreiller!

Pour ceux qui s'y rendent en groupe, Côté Nord Tremblant offre en location à court ou long terme 50 chalets de bois rond de très grand luxe. Chaque chalet peut accueillir de 4 à 10 personnes. Situés en retrait de la route, les chalets sont de type traditionnel, mais procurent tout le confort moderne auquel on peut s'attendre (cuisine complète, salle de bain avec baignoire à remous dans certains cas, salon, foyer en pierres, balcon avec vue...). Côté Nord Tremblant est associé au restaurant Caribou (où se trouve aussi le bureau d'accueil pour les chalets), qui offre le service de restauration *in situ* en plusieurs formules.

Pensez-y

Si vous avez vos propres skis, tant mieux! Sinon, la station de ski en fait la location.

D'ailleurs, au restaurant Caribou, la jeune chef Suzanne Boulianne vous pré-
parera un repas que vous ne pourrez pas oublier de sitôt. Elle concocte des
petits plats ultra-imaginatifs, comme des rouleaux impériaux au canard
avec sauce épicée, des raviolis à la viande d'orignal et autres plats de gibier
succulents. La chef Boulianne mise sur les produits québécois, et tout ce
qu'elle sert atteste son enthousiasme et son talent. Tous les soirs, le menu
comprend de trois à cinq amuse-gueules et plats principaux (le caribou
demeure toujours de la partie). La carte des vins est très convenable, et le
verre à quelques dollars est délicieux. La salle à manger, épurée, confortable
et décorée de boiseries, offre une belle vue sur le lac, hiver comme été. Il est
conseillé de réserver à l'avance. Quelle que soit votre option d'hébergement
dans la région, le restaurant Caribou est un incontournable.

Pour s'y rendre

*À partir de Montréal, prenez l'autoroute 15 Nord puis la route 117 jusqu'au village de
Mont-Tremblant (St-Jovite). Puis suivez les indications.*

de Montréal: 1h45

de Québec: 4h45

Les adresses

Station Mont-Tremblant
1000 ch. des Voyageurs
Mont-Tremblant
888-736-2526
www.tremblant.ca

Le Refuge B&B
2672 ch. du Village
Lac-Supérieur
819-681-0278 ou
888-681-0278
www.refuge-tremblant.ca

Côté Nord Tremblant
141 ch. Tour-du-Lac
Lac-Supérieur
888-268-3667
www.cotenord.ca

Restaurant Caribou
141 ch. Tour-du-Lac
Lac-Supérieur
819-688-5201 ou
877-688-5201
www.cotenord.ca

Raquette, ski de fond, randonnée pédestre, baignade, vélo

La Yamaska en raquettes

Promenez-vous dans un parc tranquille et serein, écoutez chanter les sitelles et les mésanges tout en cheminant dans la neige, raquettes aux pieds.

Le parc national de la Yamaska a été aménagé autour du réservoir Choinière. Il offre deux sentiers balisés pour la raquette, de niveaux facile à intermédiaire, pour un total de 8 km: La Forestière (5 km) et La Digue principale (3 km). Les beaux paysages, plats et enneigés, sauront vous séduire à coup sûr.

En soirée, rendez-vous à Bromont, aux Délices de la table (voir p 122).

. . . .

Pensez-y

Apportez vos raquettes ou vos skis de fond, ainsi qu'une petite collation et de l'eau.

. . . .

Le réservoir Choinière, créé artificiellement, est aujourd'hui un lac agréable pour la baignade, l'été venu.

Les pieds dans la neige

Les adresses

**Parc national
de la Yamaska**
1780 boul. David-Bouchard
Roxton Pond
450-776-7182 ou
800-665-6527
www.sepaq.com

Les Délices de la table
641 rue Shefford
Bromont
450-534-1646

Pour s'y rendre

À partir de Montréal, prenez l'autoroute 10 Est jusqu'à la sortie pour le parc national de la Yamaska, et suivez les indications.

de Montréal: 1h

de Québec: 3h30

Patin, observation de la nature

🏠 👫 $!!!

Labyrinthe en patins

Plus de 10 km de sentiers à parcourir dans le plus long labyrinthe au monde, fait de glace et en pleine nature, où l'on peut s'initier à l'observation de la faune et de la flore, développer le goût et les habiletés de recherche et d'orientation en forêt.

Le Labyrinthe de la forêt perdue, c'est plus de 10 km de sentiers glacés à parcourir à travers une pinède et différents types de forêts. Des heures de plaisir garanties en vous promenant à travers toutes les boucles et tous les méandres, en observant les cervidés que vous pouvez nourrir, les oiseaux qui nichent en grande quantité dans le secteur, et en profitant simplement de cette patinoire inhabituelle dotée d'une glace de première qualité grâce au travail de la surfaceuse.

Pour la suite des choses, en plus d'offrir confort et charme, l'Auberge Le Bôme, à Grandes-Piles, sert une cuisine française assortie de spécialités régionales, comme du cerf ou de l'omble chevalier, tout à fait sensationnelle. Un incontournable!

Pensez-y

Portez de bons vêtements chauds.

Les adresses

Domaine de la Forêt Perdue
1180 rang St-Félix
Notre-Dame-
du-Mont-Carmel
819-378-5946 ou
800-603-6738
www.domainedelaforet
perdue.com

Auberge Le Bôme
720 2ᵉ Avenue
Grandes-Piles
819-538-2805
www.auberge-le-bome.qc.
ca

Pour s'y rendre

À partir de Montréal, prenez l'autoroute 40 Est jusqu'à la sortie 203 puis la route 157 en direction nord. 13 km plus loin, vous serez au feu de circulation du rang St-Félix.

de Montréal: 2h

de Québec: 2h

Les pieds dans la neige

Ski alpin

Dévalez les pentes jusqu'au fleuve

Du haut de la montagne, vous contemplez l'immensité du fleuve Saint-Laurent, dont vous vous rapprocherez inexorablement tout au long des magnifiques descentes que propose le centre de ski Le Massif.

Le Massif est l'une des stations de ski les plus intéressantes du Québec. D'abord parce que Le Massif compte le dénivelé le plus important de l'est du Canada, soit 770 m, ensuite parce qu'il reçoit chaque hiver des chutes de neige abondantes qui, avec la neige artificielle, créent des conditions idéales (8,5 m d'accumulation en 2008!). Sans parler de la nature environnante! La montagne, qui se jette presque dans le fleuve, offre depuis son sommet une vue époustouflante.

Le Massif a fait l'objet d'intenses travaux de modernisation qui ont changé beaucoup ses infrastructures, sans rien enlever au plaisir de skier sur ses pentes. Il compte 49 pistes pour tout type de skieurs, et un confortable pavillon d'accueil trône désormais au sommet.

Pensez-y

Si vous n'avez pas d'équipement de ski, vous y trouverez une boutique qui en fait la location.

Les pieds dans la neige

La table n'est pas en reste. Au restaurant Mer et Monts, on est loin des cafétérias typiques des centres de ski. Le menu, basé sur une cuisine de marché, se compose de gibiers, volailles, poissons, pâtes, salades-repas, fromages fins et autres gourmandises, selon les arrivages. Le Massif a même été élu *Best On-Mountain Eating East of Canada* par le magazine *Ski Canada* en 2007.

. . . .

Si vous faites partie d'un groupe et que vous voulez passer la nuit dans la région, sachez que vous avez accès à l'un des chalets les plus impressionnants du Québec: la Villa Marvic. Le lieu offre de la place pour 14 à 16 personnes, et comprend sept cheminées, une piscine, un spa, un billard et plusieurs salles communes, le tout dans un décor époustouflant.

. . . .

Les adresses

**Le Massif
et le restaurant
Mer et Monts**
1350 rue Principale
Petite-Rivière-St-François
418-632-5876 ou
877-536-2774
www.lemassif.com

Villa Marvic
45 ch. de la Vieille Rivière
Petite-Rivière-St-François
514-570-6441
www.villamarvic.com

Pour s'y rendre

À partir de Québec, prenez la route 138 en direction de Baie-St-Paul jusqu'à Petite-Rivière-St-François. Les indications le long de la route sont très explicites.

de Montréal: 4h

de Québec: 1h

Ski alpin, vélo de montagne, ski de fond

2 $$ – $$$!!!

Descente du mont Sainte-Anne

La station touristique Mont-Sainte-Anne, qui compte un des plus beaux centres de ski alpin du Québec, englobe un territoire de 77 km² et un sommet d'une hauteur de 800 m.

La station compte 63 pistes pouvant atteindre un dénivelé de 625 m, et il est possible d'y faire du ski de soirée car une quinzaine de pistes sont éclairées. Alors, que vous soyez un adepte du ski ou de la planche à neige, vous y trouverez certainement votre bonheur.

Pensez-y

Apportez votre matériel, mais si vous n'en avez pas, sachez que la station offre en location tout ce dont vous pourrez avoir besoin.

Question de soulager vos muscles endoloris, ou de simplement relaxer après cette journée au grand air, Zone Spa, à Saint-Ferréol-les-Neiges, vous propose un magnifique complexe de bains intérieurs et extérieurs, à un jet d'eau des pentes de ski de la station. Un petit bistro y ouvre ses portes pour la journée, le Tivoli Café.

Les pieds dans la neige

Pentes

Pour l'après-ski et aussi pour gâter vos papilles, rendez-vous à l'auberge La Camarine, qui abrite un excellent restaurant de nouvelle cuisine québécoise. La salle à manger est un lieu paisible au décor très simple. Toute votre attention sera portée sur les petits plats originaux que l'on vous présentera. Pourvu d'un foyer, cet endroit chaleureux est particulièrement apprécié après une journée dans la poudreuse. En fin de soirée, c'est parfait pour y prendre un verre. L'auberge loue aussi une trentaine de chambres, si le cœur vous en dit.

Plusieurs autres activités de plein air peuvent être pratiquées au mont Sainte-Anne; la station touristique possède notamment un réseau de plus de 200 km de pistes pour le vélo de montagne ou le ski de fond. Sur place, des comptoirs de location d'équipement sportif permettent à tous de s'adonner à ces activités vivifiantes.

Pour s'y rendre

À partir de Québec, prenez l'autoroute 440 Est puis le boulevard Ste-Anne (route 138), puis suivez les indications.

de Montréal: 3h30

de Québec: 30 min

Les adresses

Mont-Ste-Anne
2000 boul. Beau-Pré
Beaupré
418-827-4561 ou
888-827-4579
www.mont-sainte-anne.
com

La Camarine
10947 boul. Ste-Anne
Beaupré
418-827-5703 ou
800-567-3939
www.camarine.com

Zone Spa
186 rang St-Julien
St-Ferréol-les-Neiges
418-826-1772 ou
866-353-1772
www.zonespa.com

Ski de fond, randonnée pédestre, raquette, glissade

2 🏃 $$!!

Bonheur tracé dans Charlevoix

Comme il tombe près de 8 m de neige dans la région de Charlevoix l'hiver venu, il est possible de pratiquer le ski de fond dans un cadre littéralement féerique. Aux Sources Joyeuses, quelque 35 km de pistes tracées mécaniquement tant pour le pas de patin que pour le pas classique sillonnent la forêt, offrant à quelques reprises une vue splendide sur les montagnes et le fleuve en contrebas.

Les pieds dans la neige

Pensez-y

Si vous avez vos propres skis, tant mieux! Sinon, le centre vous offre en location des skis et des raquettes de bonne qualité, et ce, à prix modique.

Ne vous habillez pas trop lourdement. C'est souvent une erreur qui peut rendre votre randonnée moins agréable.

Apportez une petite collation à déguster soit au soleil ou dans le refuge chauffé, où il est toujours possible de faire de belles rencontres. On y offre par ailleurs du chocolat chaud et du café gratuitement!

Peu de centres de ski de fond travaillent leurs pistes même en été, comme c'est le cas ici. La quantité de neige qui tombe dans cette région, doublée d'un entretien des pistes absolument sans faille, fait de cette petite destination, à première vue banale, un haut lieu de la pratique de ce sport au Québec.

Les tracés y sont très variables, à tel point qu'on y rencontre autant des familles que des professionnels à l'entraînement. Certaines pistes, comme la numéro 7, s'adressent aux intermédiaires ou aux experts, à cause de la difficulté que peuvent représenter les descentes ou de l'effort à fournir pour les remonter! On y trouve aussi des sentiers de marche et de raquettes, ainsi qu'une patinoire.

Peu après cette escapade au grand air, on peut aller se réchauffer et prendre un petit apéro au Café Chez-Nous, dont l'ambiance chaleureuse ne se dément pas. On y trouve quelques portos et des bières locales.

La journée ne saurait être complète sans faire un arrêt dans l'une des grandes tables régionales, sinon de la province: le restaurant Vices Versa. Reportez-vous à la page 101 pour une appréciation détaillée.

Les adresses

Les Sources Joyeuses
141 rang Ste-Madeleine
La Malbaie
418-665-4858
www.lessourcesjoyeuses.com

Restaurant Vices Versa
216 St-Étienne
Pointe-au-Pic (La Malbaie)
418-665-6869
www.vicesversa.com

Café Chez-Nous — Bistro européen
1075 rue Richelieu
Pointe-au-Pic (La Malbaie)
418-665-3080
www.cafecheznous.com

Pour s'y rendre

À votre arrivée à La Malbaie par la route 138, continuez le long du boulevard de Comporté (ne traversez pas le pont sur la gauche) et prenez à droite le boulevard Kane, ensuite à gauche le chemin du Golf et peu après à droite le chemin Mailloux, qui devient le rang Ste-Madeleine.

de Montréal: 4h30

de Québec: 1h30

Glissade, patin

👕 👥 $$!!!

En raft sur... neige

Que diriez-vous de dévaler des pentes enneigées et abruptes en... raft? Une expérience ludique et vivifiante à vivre en couple, entre amis ou en famille!

Offrez-vous la descente de l'Himalaya, un secteur de quatre pentes au dénivelé plus qu'appréciable, à près de 80 km/h à bord d'un radeau pneumatique pouvant transporter 12 personnes ou dans une simple chambre à air. Au Village Vacances Valcartier, il n'y a que l'embarras du choix quant aux pistes à dévaler!

Chassées de leurs terres ontariennes par les Iroquois au XVIIᵉ siècle, 300 familles huronnes s'installent en divers lieux autour de Québec avant de se fixer définitivement, en 1700, à La Jeune-Lorette, aujourd'hui Wendake. Le visiteur sera charmé par le village aux rues sinueuses de cette communauté amérindienne sur les berges de la rivière Saint-Charles.

....

Pensez-y

Apportez des vêtements chauds et votre appareil photo!

....

Les pieds dans la neige

Le village huron-wendat de Wendake se trouve à peu de distance de Valcartier. Profitez-en pour passer la soirée à l'Hôtel-Musée des Premières Nations, et payez-vous un repas de découverte gastronomique au restaurant La Traite, une table inspirée de la gastronomie autochtone, où sont apprêtés avec finesse les fruits de la chasse, de la pêche et de la cueillette, et ce, dans un cadre qui intègre la tradition ancestrale et le design moderne et épuré. Dans ce lieu magnifique et impressionnant, vous terminerez avec classe votre journée.

....

Onhoüa Chetek8e est une reconstitution d'un village huron tel qu'il en existait au début de la colonisation. On y retrouve l'aménagement du village avec ses maisons longues en bois et ses palissades. Le site a pour but de faire découvrir aux visiteurs le mode de vie et d'organisation sociale de la nation huronne-wendat.

....

Les adresses

Village Vacances Valcartier
1860 boul. Valcartier
Valcartier
418-844-2200 ou
888-384-5524
www.valcartier.com

Hôtel-Musée Premières Nations et **restaurant La Traite**
5 place de la Rencontre Ekionkiestha'
Wendake
418-847-2222 ou
866-551-9222
www.hotelpremieres nations.ca

Village Huron Onhoüa Chetek8e
575 rue Stanislas-Koska
Wendake
418-842-4308
www.huron-wendat.qc.ca

Belles escapades

Ce sont des séjours de deux à trois jours. Ces suggestions ressemblent plus ou moins aux «petites virées», mais elles peuvent être un peu moins accessibles géographiquement, ou nécessiter un équipement supplémentaire, et demanderont généralement de dormir sur place ou aux alentours. Mentionnons, à titre d'exemple, une sortie de deux jours en kayak de mer, une moyenne ou longue randonnée dans un parc national, un séjour nature dans une belle auberge qui propose des activités originales, etc.

Les pieds *sur terre*

Les pieds *dans l'eau*

Les pieds *sur les pédales*

Les pieds *dans la neige*

Randonnée pédestre, baignade, canot, kayak, vélo, ski alpin, ski de fond, raquette

🏕 $$$ *!!!*

Les crêtes du mont Chauve

Levez-vous de bon matin, chaussez vos bottes de randonnée et préparez-vous mentalement à gravir un sentier escarpé au bout duquel vous atteindrez un sommet d'où vous apparaîtra la région tout entière. Encourageant?

Le parc national du Mont-Orford est un site incontournable dans les Cantons-de-l'Est. Il s'agit d'un excellent choix pour les randonneurs, puisqu'il possède un réseau de près de 80 km de sentiers comportant différents niveaux de difficulté. Les plus belles randonnées à effectuer dans la région sont sans contredit l'ascension du mont Chauve et le sentier des Crêtes. D'une longueur de 10 km chacune et classées intermédiaire à difficile, elles offrent des points de vue embrassant toute la contrée.

Après de telles randonnées, rien de mieux que de se reposer dans l'une des plus belles auberges de la région: l'Auberge Aux 4 Saisons d'Orford. Construite selon des principes écologiques, l'auberge est chauffée par géothermie, et la gestion quotidienne de l'énergie et des déchets se fait de manière sensible et intelligente. La décoration peut sembler un peu froide de prime abord, mais le confort intégral rattrape rapidement cette impression. Les planchers sont en béton enduit d'époxy, les murs en torchis et colombages, lui donnant ainsi l'aspect d'un établissement alsacien. Le lieu dispose d'une épicerie fine, question de se ravitailler avant de partir sur les sentiers, et d'une salle de cinéma, et plusieurs chambres ont un foyer. Il est pertinent de mentionner qu'il s'agit de la seule auberge à être située directement en bas des pentes de ski du mont Orford.

Le Bistro 4 Saisons, situé au rez-de-chaussée et disposant d'une belle terrasse, propose un menu d'apparence traditionnelle, mais encore une fois, c'est en creusant que l'on se rend compte à quel point le remarquable est dans les détails. Le steak-frites est apprêté à la fleur de sel et au poivre vert de Madagascar, le tartare aromatisé à l'huile de truffe, la pizza à croûte mince garnie de canard confit et de foie gras, etc. Par-dessus tout le reste,

*Les pieds **sur terre***

Pensez-y

On ne saurait encore une fois trop insister sur de bonnes bottes de randonnée. Un bâton de marche peut être pratique pour les descentes.

L'appareil photo s'avère aussi tout à fait pertinent.

l'ambiance du bistro est très agréable, et le service sympathique et courtois.

Le parc national du Mont-Orford couvre près de 60 km² et comprend, en plus du mont Orford, les abords des lacs Stukely et Fraser. En été, il dispose de deux plages, d'un magnifique terrain de golf et d'emplacements de camping situés au cœur de la forêt. En outre, le parc s'adapte aux besoins des amateurs de sports d'hiver et propose des sentiers de ski de fond ainsi qu'une trentaine de pistes de ski alpin. Une tentative de privatisation a eu lieu afin de promouvoir la villégiature de luxe du même type qu'à Mont-Tremblant, dans la région des Laurentides, mais des protestations publiques vinrent à bout de la volonté du gouvernement, et le parc conservera sa vocation première.

Pour s'y rendre

À partir de Montréal, prenez l'autoroute 10 Est jusqu'à Orford.

de Montréal: 2h

de Québec: 3h30

Les adresses

Parc national du Mont-Orford
3321 ch. du Parc Orford
819-843-9855 ou 800-665-6527
www.sepaq.com

Auberge Aux 4 Saisons d'Orford
4940 ch. du Parc Orford
819-868-1110 ou 877-768-1110
www.4saisonsorford.com

Randonnée pédestre, observation de la nature, astronomie

2 $$$!!

Les sentiers étoilés de Mégantic

Le massif du mont Mégantic offre de nombreux sentiers pédestres qu'il convient d'explorer allègrement de jour, ainsi que plusieurs propositions pour observer et comprendre les étoiles... de nuit!

Le sentier des Trois-Sommets consiste en une belle piste de près de 16 km, reliant entre eux les sommets des monts Saint-Joseph, Victoria et Mégantic. Tout au long de la randonnée, vous aurez droit à de magnifiques points de vue sur l'intérieur du massif, vers le mont Mégantic, et sur la région avoisinante. Plus de 125 espèces d'oiseaux, dont de sympathiques geais gris, vous accompagneront le long de votre périple.

Pour la table et la nuit, arrêtez-vous à Notre-Dame-des-Bois, et prenez une chambre au gîte Haut Bois Dormant. Les chambres de ce «couette et café» ne possèdent pas de salles de bain privées, mais le lieu n'en est pas moins charmant et très confortable. De plus, la fine table vaut à elle seule le détour, proposant des mets originaux et misant sur les produits régionaux. Le salon et la terrasse sont très chaleureux et invitants. Vous dormirez alors dans le village le plus élevé en altitude au Québec!

Comme vous êtes à côté du parc, retournez-y pour la soirée. Ne manquez pas de faire la visite de l'ASTROLab (la projection du documentaire en haute définition sur la création de l'univers est un spectacle à ne pas manquer). Prenez part à une soirée d'astronomie soit à l'ASTROLab ou à l'Observatoire populaire situé tout juste à côté de l'observatoire scientifique, au sommet du mont Mégantic. Animées par des astronomes, ces soirées sont très instructives et permettent de faire des observations célestes qui vous laisseront de beaux souvenirs. Tout est prévu en cas de ciel couvert: des images multimédias d'autres observatoires prennent le relais des images en direct.

Pensez-y

De bonnes bottes de randonnée sont impératives.

Des vêtements adéquats selon la température devront faire partie de votre baluchon.

N'oubliez pas votre appareil photo.

Célèbre pour son observatoire, le mont Mégantic fut choisi en fonction de sa position stratégique, à environ égale distance des universités de Montréal et Laval (Québec), ainsi que de son éloignement des sources lumineuses urbaines. Deuxième sommet en importance des Cantons-de-l'Est, il s'élève à 1 105 m. Lors du Festival d'astronomie populaire du Mont-Mégantic, au cours de la deuxième semaine de juillet, les passionnés d'astronomie peuvent observer la voûte céleste à l'aide du plus puissant télescope de l'est de l'Amérique du Nord. Autrement, ce dernier n'est mis qu'à la disposition des chercheurs.

De plus, la région s'enorgueillit maintenant d'être la première Réserve internationale de ciel étoilé, grâce à la participation des élus locaux qui ont élaboré un plan de réduction de l'éclairage urbain afin de conserver la brillance de ces petits points blancs dans le ciel nocturne…

Pour s'y rendre

À partir de Montréal, prenez l'autoroute 10 Est jusqu'à ce qu'elle devienne la route 112. Prenez alors la route 253 à East Angus, et une fois rendu à Cookshire, suivez la route 212, qui mène à Notre-Dame-des-Bois et à l'entrée du parc.

de Montréal: 3h30

de Québec: 4h

Randonnée pédestre, ski hors-piste, raquette

2 🚶 $$!!

En Estrie,
le diable est vert

Séjournez dans un joli appartement de montagne ou dans une petite cabane nichée dans les branches d'un arbre, et filez le jour venu sur les sentiers du Parc d'environnement naturel de Sutton. Un pur délice, tant pour les yeux que pour les jambes!

La Station de montagne au Diable Vert et le Parc d'environnement naturel de Sutton proposent plus de 80 km de sentiers pédestres en tout genre, offrant ainsi aux amateurs de randonnée un réseau considérable. En effectuer le tour serait beaucoup trop exigeant pour une courte fin de semaine. Il faut donc choisir, mais ne manquez surtout pas la section du Round Top, le sommet du massif des monts Sutton, culminant à 963 m, d'où la vue est prenante.

Pour la nuitée, tant les appartements de montagne que les cabanes et les refuges offerts en location à la Station de montagne au Diable Vert sont intéressants et garants d'un bon confort ou d'une expérience agréable. Tout de même, si vous voulez vous gâter, optez pour les premiers. Ces petits logements très chaleureux et tout équipés comptent deux chambres et une cuisine complète, ce qui vous permet d'être tout à fait autonome. Vous devrez cependant vous ravitailler au préalable, en passant par Sutton.

Pensez-y

On ne saurait encore une fois trop insister sur de bonnes bottes de randonnée. Un bâton de marche peut être pratique pour les descentes.

L'appareil photo s'avère aussi tout à fait pertinent.

*Les pieds **sur terre***

Les adresses

**Station de montagne
au Diable Vert**
169 ch. Staines
Glen Sutton
450-538-5639
www.audiablevert.qc.ca

**Parc d'environnement
naturel de Sutton**
450-538-4085 ou
800-565-8455
www.parcsutton.com

Pour s'y rendre

À partir de Montréal, prenez l'autoroute 10 puis la sortie pour la route 243 et bifurquez sur la route 215 un peu plus loin. Le village de Sutton est tout droit.

de Montréal: 1h30

de Québec: 3h30

Découverte culturelle, promenade, observation de la nature

🎫 👥 $$$$ ‼

Découvrez l'Amérique d'il y a 300 ans

Remontons trois siècles en arrière, au moment où Français et Amérindiens occupaient le territoire de l'Amérique du Nord, des terres boréales de la baie d'Hudson jusqu'en Louisiane. Au contact des Autochtones, les Européens changent leur mode de vie, car depuis la nuit des temps, la nature domine ce continent immense. Une nouvelle société est née.

À l'époque de la Nouvelle-France, les échanges entre Européens et Amérindiens étaient très riches et respectueux. Pierre Thibeault, le guide naturaliste passionnant de l'Auberge du Lac Blanc, vit et travaille en étroite collaboration avec les Premières Nations depuis 30 ans. Lors de votre arrivée, vous serez amené à son campement amérindien avec tipis, les mêmes où vous dormirez le soir venu. Vous voguerez dans un grand canot rabaska de 13 m pouvant accueillir 10 personnes. Vous irez à la rencontre de l'ours noir, du castor et de la flore locale à travers la visite d'une tourbière vieille de 11 000 ans; vous goûterez au ragoût de cerf et à la bannique amérindienne (pain), lancerez le tomahawk, passerez la soirée autour du feu à écouter les légendes attikameks et abénaquises, puis vous vous abriterez sous le tipi, équipé de lits moelleux et confortables. En bref, une magnifique aventure, passionnante pour les adultes comme pour les enfants.

Le forfait comprend deux jours et deux nuits, avec coucher en tipi amérindien pour une nuit et dans une chambre cinq-étoiles à l'auberge pour la seconde. Tous les repas et les activités sont compris dans le prix.

Pensez-y

Une bonne lotion chasse-moustiques sera tout à fait appropriée.

Les adresses

Pourvoirie du Lac Blanc
1000 ch. du Domaine Pellerin
St-Alexis-des-Monts
819-265-4242
www.pourvoirielacblanc.com

Pour s'y rendre

À partir de Montréal, prenez l'autoroute 40 Est. Sortez un peu avant Louiseville et prenez ensuite la route 349 Nord. Dépassez un peu le village de St-Alexis-des-Monts et tournez à gauche dans le chemin du Domaine Pellerin.

de Montréal: 1h30

de Québec: 2h

Les pieds sur terre et dans l'eau

Équitation, randonnée pédestre, canot, patin, traîneau à chiens

2 🏃 $$$!!!

Inoubliable randonnée à cheval dans l'archipel du Sabot de la Vierge

Pour découvrir le territoire de l'Auberge Le Baluchon, l'équitation constitue un plaisir nature totalement enivrant.

Au pas, les cavaliers sont tout d'abord appelés à apprivoiser leur monture et à être sensibilisés à la sécurité à cheval, pour ensuite partir à la découverte d'un site naturel d'une grande beauté. Peu étendu, le territoire est tout de même magnifique et très sauvage. On remarque rapidement que les chevaux sont exceptionnellement bien traités. Ils sont dociles, mais fringants lorsqu'il le faut. L'acclimatation aux équidés réussie, il est alors possible d'effectuer un trot ou un canter (petit galop) de courte durée. Et c'est souvent dans ces cas que l'activité devient vraiment enivrante!

. . . .

Bien entendu, on peut pratiquer l'équitation, mais aussi une foule d'activités de plein air, comme le kayak de rivière, la randonnée pédestre, le vélo, le patin, le traîneau à chiens, le ski de fond, etc.

. . . .

Dans les années 1980, sept étudiants épris d'aventure et de plein air obtiennent d'Hydro-Québec les droits de jouissance des terrains de l'ancien moulin Damphousse, des différentes chutes des alentours et de l'archipel du Sabot de la Vierge. Ils élaborent alors les plans d'une station touristique «santé/plein air» qui voit le jour en 1990 avec 12 chambres et 20 employés. Quelques années plus tard, et avec des dizaines de prix et distinctions à son actif (ainsi que quelques mésaventures, dont l'incendie de la première auberge), l'Auberge Le Baluchon se présente comme une véritable réussite qui allie le tourisme et l'écologie. Le domaine bénéficie de divers aménagements qui ont pour but de faire profiter les visiteurs des beautés de son environnement. Les 91 chambres sont réparties dans trois bâtiments et sont toutes dotées de baignoires à remous. Le spa est très bien équipé.

. . . .

Pensez-y

Comme le personnel de l'auberge pense pratiquement à tout pour vous assurer un séjour hors pair, vous n'avez besoin d'apporter que vos effets personnels!

. . . .

*Les pieds **sur terre***

L'Auberge Le Baluchon présente aussi le Théâtre en rivière, une expérience scénique unique au Québec. Le départ a lieu près du pavillon principal, à bord d'un rabaska (grand canot amérindien). Puis on suit au fil de l'eau les étapes d'un groupe d'interprètes à partir de la rivière. On y présente l'histoire de la Mauricie et de sa colonisation, dans un contexte ludique tout à fait dans l'esprit d'un théâtre d'été. Sympathique.

À l'Éco-café Au bout du monde, un menu composé presque exclusivement de produits locaux ou régionaux fera de votre expérience gustative un bonheur simple et complet. De plus, si vous avez apprécié votre repas, vous pourrez vous procurer à la boutique ce qui fit le plaisir de votre palais, du moins pour la grande majorité des plats proposés. Selon l'ambiance recherchée, on optera pour la section reproduisant parfaitement un ancien magasin général, un camp de bûcherons, un moulin à scie ou un camp de pêche, le tout de très bon goût, par ailleurs...

Pour s'y rendre

À partir de Montréal, prenez l'autoroute 40 Est. Sortez un peu avant Louiseville et prenez ensuite la route 349 Nord. Vous arriverez à Saint-Paulin et n'aurez qu'à suivre les indications.

de Montréal: 1h30

de Québec: 2h

Observation de la nature, quad, randonnée pédestre, canot, ski de fond, raquette, équitation

🚩 🔭 $$ – $$$!

Randonnée guidée vers l'ours et le castor

L'Hôtel Sacacomie est un magnifique établissement en rondins niché au cœur de la forêt près de la réserve faunique Mastigouche. Surplombant le lac du même nom dont le rivage s'étale sur 40 km, l'établissement bénéficie d'un emplacement sans pareil, avec en prime une plage à proximité.

Une des belles activités à y effectuer est sans contredit le safari à l'ours et au castor, les vedettes nationales de la faune! Accompagné d'un trappeur, vous découvrirez lors d'une belle promenade l'habitat du castor (cabane, barrage, arbres rongés, etc.) et ses habitudes tout en apprenant le fonctionnement et les techniques du piégeage d'animaux à fourrure du Québec. Ensuite vous aurez peut-être la chance de voir un ours noir se nourrir… De plus, on vous expliquera comment vivent et s'alimentent les gros gibiers du Québec.

Une autre option tranquille et peu exigeante physiquement consiste en une randonnée de découverte en quad dans la forêt de la réserve faunique Mastigouche. Vous serez accompagné d'un guide qui vulgarise le foisonnement de la faune et de la flore locales; cette activité se fait avec tout l'équipement nécessaire et est très sécuritaire.

La structure de l'hôtel s'intègre harmonieusement au paysage, grâce à un développement non invasif. Par exemple, il n'y a pas d'entrée en pavé uni ou de terrain gazonné… On entre à l'hôtel directement par la forêt! Les chambres n'ont rien à envier à un hôtel de grand luxe, et la table est savoureuse, sans sombrer dans l'excès. Mais ne cherchez pas Internet ni la télévision. Cet hôtel est un centre de villégiature en forêt, on y est donc pour décrocher du rythme habituel et souvent stressant de la vie, et la grande nature nous le rend d'ailleurs très bien.

Pensez-y

Apportez de bonnes bottes de randonnée ainsi qu'une lotion chasse-moustiques en raison du grand nombre de plans d'eau dans la région!

Un appareil photo serait tout à fait indiqué.

Apportez votre bonne humeur, presque tout le reste est fourni!

*Les pieds **sur terre***

Les adresses

Hôtel Sacacomie
4000 rang Sacacomie
St-Alexis-des-Monts
819-265-4444 ou
888-265-4414
www.sacacomie.com

Pour s'y rendre

À partir de Montréal, prenez l'autoroute 40 Est. Sortez un peu avant Louiseville et prenez ensuite la route 349 Nord. Rendu à St-Alexis-des-Monts, tournez à gauche dans le chemin St-Olivier et parcourez 7 km jusqu'à un panneau vous indiquant la route de l'hôtel, 7 km plus loin!

de Montréal: 2h

de Québec: 2h30

Randonnée pédestre, ski de fond, ski nordique, raquette, vélo de montagne, tennis, motoneige

2 $$$$!!

La montagne du Diable et le Windigo

La région des Laurentides est une de celles qui offrent le plus de choix pour la pratique de la randonnée pédestre au Québec. Toutefois, peu de monts ou de parcs proposent autant de possibilités dans un grand respect de la nature que la montagne du Diable, dans les Hautes-Laurentides.

La montagne du Diable propose en effet 80 km de sentiers linéaires, de facile à très difficile. Quatre sommets, dont le sommet du Diable qui culmine à 783 m, offrent un dénivelé de 550 m, ce qui est tout à fait louable et permet de mettre à l'épreuve vos talents de randonneur. En plus, de très beaux parcours peuvent se faire en une journée, comme celui du sentier des Ruisseaux, avec ses 10,7 km. Aux alentours du Village Windigo, plusieurs petits sentiers sont entretenus, autant pour la randonnée que pour le ski nordique en hiver. La forêt et les alentours de la montagne du Diable sont gérés selon les sept principes «Sans trace». Arrêtez-vous à l'accueil où les préposés vous expliqueront la manière de disposer de vos déchets et de minimiser votre impact sur la nature environnante.

La chute du Windigo, située à 24 km au nord-ouest du village de Ferme-Neuve, vous apparaîtra comme un toboggan nautique naturel, qu'avec un peu d'audace vous pourrez essayer de descendre. Si vous comptez le faire, portez une bonne paire de chaussures car le fond du bassin est rempli de petits cailloux pointus.

Les pieds sur terre

Pensez-y

Apporter de bonnes bottes de randonnée est impératif.

Des vêtements adéquats selon la température devront faire partie de votre baluchon.

N'oubliez pas votre appareil photo.

Un séjour minimal de deux nuits pour les fins de semaine est exigé afin d'effectuer une réservation. Une belle escapade vous attend donc du vendredi soir au dimanche soir, par exemple.

Pour la ou les nuitées, offrez-vous l'incontournable Village Windigo, un splendide complexe hôtelier perdu en pleine nature aux abords de l'immense réservoir Baskatong. Ici le confort est de mise, et les différentes unités proposent toutes les commodités. Les appartements et les chalets comprennent tous une cuisine complète et une baignoire à remous, et offrent aussi une vue imprenable sur le réservoir Baskatong. La table du restaurant est très inspirante et chaleureuse, et le service sympathique. Si vous séjournez au Village Windigo, vous n'avez pas de frais d'accès à payer pour la montagne du Diable car ces deux entités sont partenaires.

En plus de la randonnée pédestre, il est possible de pratiquer au Village Windigo une foule d'activités sportives, comme le tennis sur terre battue (rare au Québec), le vélo de montagne, le canot ou le kayak en été, et le traîneau à chiens, la motoneige, le ski de fond ou la glissade en hiver. À la montagne du Diable, 55 km de sentiers pour le ski hors-piste et 40 km pour le ski de fond traditionnel sont aussi proposés, sans compter les sentiers de randonnée qui se transforment en sentiers de raquette l'hiver venu. Trois refuges sont également disponibles, si vous optez pour une longue randonnée pédestre, comme pour le sentier des Sommets, qui compte 35 km. Prévoyez deux jours, si ce dernier vous intéresse. En somme, de bonnes possibilités!

Pour s'y rendre

À partir de Montréal, prenez l'autoroute 15 Nord, qui deviendra la route 117, et continuez jusqu'à Mont-Laurier. De là, prenez la route 309 Nord jusqu'à Ferme-Neuve, où vous trouverez le bureau d'accueil qui vous renseignera sur la suite du parcours.

de Montréal: 3h

de Québec: 5h30

Les adresses

La montagne du Diable
94 12ᵉ Rue
Ferme-Neuve
819-587-3882 ou
877-587-3882
www.montagnedudiable.
com

Le Village Windigo
548 ch. Windigo
Ferme-Neuve
819-587-3000 ou
866-946-3446
www.lewindigo.com

Randonnée pédestre, observation de la nature, camping

⛺ 🚶 $$$ ‼️

Randonnée d'observation sur l'île aux Lièvres

Situés au beau milieu du fleuve Saint-Laurent en face de Rivière-du-Loup, l'île aux Lièvres et l'archipel du Pot à l'Eau-de-Vie profitent sans doute de l'une des plus belles initiatives touristiques du Bas-Saint-Laurent.

Il y a quelques années, la société Duvetnor, une organisation sans but lucratif, gérée par un groupe de biologistes, a décidé d'acheter certaines îles du fleuve Saint-Laurent pour les protéger et permettre au public, sous certaines conditions, d'en jouir tranquillement. Pour profiter de ces paysages et de ces écosystèmes magnifiques, plusieurs formules sont proposées aux vacanciers ou aux passionnés de randonnée, d'ornithologie et de biologie. On peut se rendre à l'île aux Lièvres pour y faire une randonnée d'un ou deux jours. Quelque 45 km de sentiers permettent de côtoyer la nature sur cette île de 13 km de long, et l'excursion dure entre 5h et 10h, ou sur deux jours, selon le forfait choisi.

Il va sans dire que le séjour ne saurait être complet qu'en passant la nuit dans l'île, en camping, à l'Auberge du Lièvre ou dans le magnifique phare du Pot à l'Eau-de-Vie. Sur une toute petite île au milieu du fleuve Saint-Laurent, le frêle bâtiment expose à tous vents sa façade blanche et son toit rouge. Propriété de Duvetnor, ce phare plus que centenaire a été restauré avec

Pensez-y

De bonnes chaussures de marche confortables et un imperméable pour les jours de pluie.

Un appareil photo avec un bon téléobjectif.

Une bouteille de vin pour la soirée autour du feu ou dans le phare.

On peut s'y rendre de juin à octobre et on réserve longtemps à l'avance.

soin. On y trouve trois chambres douillettes dont le décor conserve l'atmosphère historique de l'endroit. Les repas sont délicieux, et l'on peut apporter son vin. La randonnée sur l'île aux Lièvres et la nuit au phare ne sont pas toujours possibles lors d'un même séjour car les traversées dépendent des marées. Dans le cas où le phare serait inaccessible pour la nuit, vous vous rabattrez sur l'Auberge du Lièvre, sympathique établissement tout près du havre. Toutes ces formalités seront prises en charge par les préposés à l'accueil, au quai de Rivière-du-Loup. Le forfait comprend tout, de la traversée au gîte en passant par le couvert.

....

Il est important de mentionner qu'en prenant part aux activités de Duvetnor, on contribue à la conservation de plusieurs îles dont le fragile écosystème est régulièrement menacé.

....

Les adresses

Société Duvetnor
200 rue Hayward (quai municipal)
Rivière-du-Loup
418-867-1660
www.duvetnor.com

Pour s'y rendre

À partir de Québec, prenez la route 132 jusqu'un peu passé Rivière-du-Loup, et tournez à droite dans la rue Hayward, que vous suivrez jusqu'au bout.

de Montréal: 5h

de Québec: 2h

Randonnée pédestre, observation de la nature

🔲 🏃 ·$$$$!!!

Le mont Albert

Gravissez le sentier qui mène au sommet du mont Albert et contemplez la nature dans toute son immensité.

Le parc national de la Gaspésie offre un superbe réseau de sentiers aux randonneurs. Vous pourrez, dans une même randonnée, admirer 3 types de végétations: une forêt boréale, d'où sont absents les feuillus, une forêt subalpine constituée d'arbres miniatures et enfin, sur les sommets, la toundra. La plupart des sentiers débutent au Centre de découverte et de services du parc.

Pour atteindre le sommet du mont Albert et ses 1 070 m d'altitude, deux options s'offrent au marcheur: une voie rapide ou une voie panoramique. Le parcours le plus rapide emprunte un sentier aller-retour de 11,4 km. Il s'effectue en 5h et passe par le belvédère de La Saillie. Les 870 m de dénivelé font en sorte que ce sentier est classé «difficile». L'abri des Rabougris est votre porte d'entrée sur l'immense plateau du sommet de 13 km². Sur ce grand plateau, il n'est pas rare d'apercevoir des caribous broutant les plantes arctiques-alpines.

*Avec 25 sommets de plus de 1 000 m, dont plusieurs à une vingtaine de kilomètres à peine du fleuve Saint-Laurent, on ne peut qu'être d'accord avec les Micmacs, à qui l'on doit le nom du massif des Chic-Chocs. En effet, le mot micmac **sigsôg** signifie «parois infranchissables». Sans être dans les montagnes Rocheuses de l'Ouest canadien, on est ici devant de véritables géants de roc.*

L'autre façon de contempler le mont Albert dans toute sa splendeur consiste à prendre la journée entière (de 6h à 8h) pour en faire le tour. S'il s'agit du même sommet, le tour du mont Albert se fait cependant par un sentier en boucle qui propose l'agréable possibilité de ne pas revenir sur ses pas. Cette piste est donc plus longue (17,2 km) et plus exigeante (niveau: très difficile). En effet, une fois parvenu au belvédère du Versant, vous vous engagerez dans la gigantesque vallée glaciaire du Diable en suivant le ruis-

Pensez-y

Apportez de bonnes bottes de marche, et surtout n'en profitez pas pour former à vos pieds de nouvelles bottes! L'inconfort qui en résultera rendra vos randonnées moins plaisantes.

N'oubliez surtout pas votre appareil photo et vos jumelles.

Apportez des vêtements appropriés à la montagne: manteau imper, chandail polaire et pantalon de nylon. Même en été, les températures peuvent être fraîches.

Un bâton de marche peut être pratique pour les descentes.

Les pieds sur terre

seau du même nom. Puis vous rejoindrez l'abri de La Serpentine avant de longer la rivière Sainte-Anne lors des derniers kilomètres.

Pour vous gâter au retour, descendez au Gîte du Mont-Albert, qui se trouve au centre du parc. Il n'a de gîte que le nom, puisqu'il s'agit d'une auberge très confortable réputée pour sa table, son architecture de bois délicate et ses panoramas saisissants. Comme l'auberge est construite en forme de fer à cheval, chacune des chambres vous offre une vue imprenable sur les monts Albert et McGerrigle. La salle à manger est chaleureuse et conviviale, et la réputation culinaire, toujours au cœur de la démarche des chefs qui se succèdent aux fourneaux, n'est plus à faire.

Les adresses

Parc national de la Gaspésie
1981 route du Parc
Ste-Anne-des-Monts
418-763-7494 ou
880-665-6527
www.sepaq.com

Gîte du Mont-Albert
418-763-2288 ou
866-727-2427
www.sepaq.com

Pour s'y rendre

À partir de Québec, prenez l'autoroute 20 Est puis la route 132 jusqu'à Ste-Anne-des-Monts, où vous prendrez la route du Parc. Suivez les indications.

de Montréal: 8h

de Québec: 5h30

Pêche, randonnée pédestre, canot, vélo de montagne, ski de fond, motoneige

🎽 👥 $$$$ ‼️

Les poissons du lac Taureau

Dans un magnifique décor, partez à l'aventure dans une chaloupe à moteur, et filez jusqu'à l'endroit où vous jugerez bon de passer la journée à taquiner la truite.

L'Auberge du Lac Taureau propose aux vacanciers d'innombrables activités, de sorte qu'il est impossible de s'ennuyer lors d'un séjour. Activité sereine par excellence, la pêche se pratique sur le réservoir Taureau, mais vous devez vous procurer le permis à Saint-Michel-des-Saints, avant votre arrivée à l'auberge. La location du matériel et des embarcations est assurée par un partenaire local, la Pourvoirie du Milieu.

Au Québec, depuis quelque temps, on constate l'apparition, en plein cœur de la forêt, de beaux hôtels de luxe. L'Auberge du Lac Taureau fait partie de ces établissements que l'on visite pour profiter de la nature tout en se faisant traiter aux petits oignons. De magnifiques bâtiments de bois rond ont été érigés au bord du grand lac et possèdent une fenestration généreuse qui permet aux vacanciers de jouir en toute saison des beautés environnantes. Trois édifices principaux regroupent une centaine de chambres confortables. On trouve aussi sur place un restaurant de fine cuisine.

Une nouvelle méthode de soins est proposée au spa de l'auberge, la méthode amérindienne! Avis aux adeptes des soins de santé et de détente, l'une des particularités de ce spa consiste en une salle de massage qui est en réalité un tipi directement posé sur l'eau!

Pensez-y

Apportez vos effets personnels et votre appareil photo.

Les adresses

Auberge du Lac Taureau
1200 ch. Baie du Milieu
St-Michel-des-Saints
819-833-1919 ou
877-822-2623
www.lactaureau.com

Pour s'y rendre

À partir de Montréal, prenez l'autoroute 40 Est jusqu'à la sortie pour Joliette. Prenez ensuite l'autoroute 31, puis la route 131 (ch. Barrette) et suivez-la jusqu'à St-Michel-des-Saints.

de Montréal: 3h

de Québec: 4h

Les pieds dans l'eau

Pêche, observation de la nature

1 $$$$$ *!!!*

Pêche de luxe à Kenauk

Promenez-vous dans des sentiers et sur des lacs reculés, au sein d'une réserve privée magnifiquement conservée. Partez à l'aventure à bord d'une chaloupe à moteur, avec vos cannes à pêche, vos appâts et votre bonne humeur!

La réserve Fairmont Kenauk, aussi appelée la Seigneurie Kenauk, est un gigantesque territoire privé appartenant à la chaîne Fairmont. Ici, des chevreuils et de nombreux animaux sillonnent l'un des territoires privés les plus vastes et les mieux protégés du Québec, aussi librement qu'ils le faisaient il y a 200 ans. Fairmont Kenauk offre en location des chalets en bois de grand luxe dans cet incroyable domaine. Plusieurs forfaits y sont proposés, principalement pour la chasse et la pêche.

Tout l'équipement dont vous pourriez avoir besoin pour vous assurer un parfait séjour de pêche est offert aux vacanciers, et comme le territoire est très grand, le lac devant votre chalet vous sera presque dédié exclusivement.

. . . .

Le Château Montebello est un vaste hôtel de villégiature. Il constitue le plus grand édifice de bois rond au monde et vaut certainement le détour, même si vous n'y dormez pas. Il fut érigé en 1929 en un temps record de 90 jours. On ne manquera pas de visiter son impressionnant hall central, doté d'une cheminée à six âtres, autour de laquelle rayonnent les six ailes abritant les chambres et le restaurant.

. . . .

Les pieds dans l'eau

. . . .

Pensez-y

Apportez des provisions, à moins que vous ne vouliez goûter la cuisine du Château Montebello à chaque repas!

Apportez votre équipement de pêche et des vêtements selon les conditions météo.

N'oubliez pas votre appareil photo!

. . . .

Les adresses

Fairmont Kenauk
1000 ch. Kenauk
Montebello
866-540-4419
www.fairmont.com/fr/
kenauk

**Fairmont Le Château
Montebello**
392 rue Notre-Dame
Montebello
819-423-6341 ou
800-441-1414
www.fairmont.com/fr/
montebello

Aucun service de restauration n'est prévu dans la réserve, ce qui n'empêche pas le lieu d'avoir des ressources associées au Château Montebello, situé tout près. Si votre pêche a été bonne, vous avez tout le loisir de demander aux chefs du Château de vous préparer votre poisson pour la soirée. Pour les moments spéciaux, vous pouvez même louer les services d'un chef, qui vous concoctera un succulent repas dans le confort de la salle à manger de votre chalet.

Une autre belle expérience à vivre dans la réserve Kenauk est l'observation de l'ours (voir p 24).

Pour s'y rendre

À partir de Montréal, prenez l'autoroute des Laurentides (15), et 15 km plus loin, empruntez l'autoroute 640 jusqu'à St-Eustache, où vous prendrez la route 148, que vous suivrez tout au long jusqu'à Fasset. Tournez ensuite à droite dans la côte Angèle puis dans le chemin Kenauk. Suivez les indications.

de Montréal: 1h30

de Québec: 4h30

Belles escapades

Pêche, observation de la nature

🔲 👫 $$$$ ‼

Pêche à l'eau claire

Que diriez-vous d'une escapade de pêche sur un des magnifiques lacs du Québec, où vous pourrez vous reposer dans un lieu de villégiature d'un confort sans compromis?

Les truites arc-en-ciel, mouchetées et grises nagent avec les achigans à petite bouche et les ombles chevaliers dans le lac à l'Eau Claire et les 14 autres lacs de la pourvoirie du Lac-à-l'Eau-Claire, tous accessibles en automobile. Les 150 000 truites ensemencées chaque année font de cette pourvoirie l'un des principaux centres de pêche au Québec. Tout l'équipement vous est fourni pour un séjour de pêche hors normes.

Le restaurant de l'Auberge du Lac-à-l'Eau-Claire est très satisfaisant. Ne manquez pas d'essayer la truite, apprêtée de dizaines de manières différentes. Pas surprenant qu'elle soit la spécialité locale!

La pourvoirie du Lac-à-l'Eau-Claire offre une magnifique expérience de villégiature, en famille ou en couple. Pour agrémenter encore plus votre séjour, à chacune des 25 chambres de l'auberge principale correspond un local au niveau du sol, qui permet d'entreposer vos articles de pêche ou vos habits de motoneige, si vous optez pour un séjour hivernal. Un réfrigérateur est aussi disponible dans cet espace pour y conserver les prises quotidiennes. Au même niveau, les enfants trouveront une superbe salle de jeux.

Pensez-y

Apportez des vêtements selon les conditions météo.

Apportez votre équipement de pêche, mais sachez que l'auberge en fait la location si vous n'en possédez pas.

N'oubliez pas votre appareil photo!

Les adresses

**Auberge
du Lac-à-l'Eau-Claire**
500 ch. du Lac-
à-l'Eau-Claire
St-Alexis-des-Monts
819-265-3185 ou
877-265-3185
www.lacaleauclaire.com

Pour s'y rendre

À partir de Montréal, prenez l'autoroute 40 Est. Sortez un peu avant Louiseville et prenez ensuite la route 349 Nord jusqu'à St-Alexis-des-Monts.

de Montréal: 2h

de Québec: 2h

Les pieds dans l'eau

Descente de rivière

3 $$$$ *!!!!*

Les rapides de la Mattawin

Passez deux jours à naviguer à bord d'un canot pneumatique sur le cours tumultueux de la rivière Mattawin, et préparez-vous à vous faire tremper lors de passages plus que vifs...

Le forfait du Challenge Mattawin fait le bonheur de tous les aventuriers de rivière, qu'ils soient novices ou experts. D'une durée de deux jours, cette descente de rivière est une magnifique occasion de partir à la découverte de sites enchanteurs dans un climat d'aventure et de détente. Le parcours s'étale sur plus d'une trentaine de kilomètres.

À votre arrivée à l'accueil, les guides vous enseigneront les consignes de sécurité et les techniques de navigation en eau vive. Après le transport vers la tête de la rivière, ce sera l'heure de se mettre les pieds (et probablement plus!) dans l'eau. Les premiers rapides: Flipper, Machine à boules, Surfer et le redoutable Jeyser attendent au moindre tournant de la rivière. La première journée se termine sur les berges du rapide des Pins pour le campement, et un bon repas gastronomique est préparé par les guides. Vous terminerez votre cycle diurne par une nuitée sous la tente.

Le lendemain matin, vous constaterez que la dernière section de la rivière à parcourir regorge de rapides de classe IV. Les rapides des Pins, de l'Ours, Gigi et le Galet sont particulièrement respectables. Après le déjeuner, l'approche de la finale vers le rapide Oublié mène à la Grande Chute, le bouquet.

Vu que l'aventure se termine en fin d'après-midi, dirigez-vous vers Trois-Rivières pour terminer votre séjour tranquillement attablé au restaurant L'Essentiel (voir p 71 et 103).

Pensez-y

Les départs ont lieu tous les mardis et les fins de semaine de l'été, mais il convient de réserver à l'avance, popularité du lieu oblige!

Apportez des vêtements pour l'activité et d'autres pour la soirée.

Des chaussures de sport ou des sandales bien sanglées sont indispensables.

Un chandail en laine naturelle ou polaire sera aussi intéressant, puisqu'il garde au chaud même lorsque mouillé, contrairement au coton.

Les pieds dans l'eau

Les adresses

Centre d'Aventure Mattawin
3911 route 155
Trois-Rives
819-646-9006 ou
800-815-7238
www.nouvelleaventure.qc.
ca

Restaurant L'Essentiel
10 rue des Forges
Trois-Rivières
819-693-6393

Pour s'y rendre

À partir de Montréal, prenez l'autoroute 40 Est, puis l'autoroute 55 Nord qui deviendra la route 155.

de Montréal: 2h

de Québec: 2h

Croisière, vélo, promenade

1 **ĝ** $$$$ **!!**

La vie insulaire

Vivez au rythme des insulaires de l'île aux Grues, en effectuant une croisière sur le fleuve et en arpentant les chemins de cette île habitée par une poignée d'irréductibles.

Au départ de la marina de Berthier-sur-Mer, les Croisières Lachance organisent des excursions commentées sur le fleuve à bord de confortables navires. Marins de père en fils depuis trois générations, les Lachance vous feront découvrir l'archipel de l'Isle-aux-Grues, riche en histoire; leurs anecdotes vous replongeront dans la vie des insulaires au début du XXe siècle.

L'île aux Grues, seule île de l'archipel de l'Isle-aux-Grues habitée toute l'année, offre aux visiteurs un magnifique cadre champêtre ouvert sur le fleuve. C'est le lieu idéal pour l'observation des oies blanches au printemps, pour la chasse en automne et pour la balade en été. En hiver, l'île est prisonnière des glaces, et les habitants doivent alors utiliser l'avion pour avoir accès au continent, et même les enfants le prennent chaque jour pour aller à l'école. S'y promener à bicyclette, sur la route des battures et le long du fleuve, est des plus agréables. Au centre de l'île se dresse le hameau de Saint-Antoine-de-l'Isle-aux-Grues, avec sa petite église et ses jolies maisons. On y trouve une boutique d'artisanat, une fromagerie qui produit, avec le lait des vaches de l'île, de délicieux fromages, ainsi qu'un tout petit musée où sont racontées les traditions anciennes qui animent toujours la vie des insulaires. À l'est, on aperçoit le manoir seigneurial McPherson-LeMoine. Le peintre Jean Paul Riopelle, qui en a fait son havre pendant plusieurs années, y est décédé en 2002. En haute saison, un petit kiosque d'information touristique vous accueille au bout du quai.

Pensez-y

Apportez vos effets personnels et votre appareil photo.

À votre arrivée à l'île aux Grues, vous serez appelé à monter à bord d'un petit train qui vous fera parcourir les chemins de l'île, connaître ses légendes, ses personnages et son mode de vie. Vous pourrez toujours opter pour le vélo et vous diriger tranquillement vers l'Auberge des Dunes, de l'autre côté de l'île.

Les pieds dans l'eau et sur terre

Les adresses

Croisières Lachance
110 rue de la Marina
Berthier-sur-Mer
418-259-2140 ou
888-476-7734
www.croisiereslachance.ca

Auberge des Dunes
118 ch. de la Basse-Ville
St-Antoine-
de-l'Isle-aux-Grues
418-248-0129
www.auberge-des-dunes.
com

**Corporation touristique
de l'Isle-aux-Grues**
418-241-5117
www.isle-aux-grues.com

Cette auberge propose huit chambres de bon confort, toutes garnies avec un mobilier d'origine. L'établissement dispose d'une vue imprenable sur le fleuve, mais surtout d'une des salles à manger les plus originales du Québec, Le Bateau Ivre. Il s'agit d'un ancien remorqueur échoué là il y a des années, dont on se sert maintenant pour accueillir les convives, choyés de goûter une fine cuisine du terroir agrémentée de plusieurs produits régionaux, qui fait d'ailleurs la belle part aux fromages locaux.

Pour s'y rendre

À partir de Québec, prenez l'autoroute 20 Est jusqu'à Berthier-sur-Mer.

de Montréal: 3h30

de Québec: 1h

Voile, kayak de mer

2 $$$$$ *!!!*

Cap sur le fleuve Saint-Laurent

Apprenez les techniques de navigation à bord d'un quillard de 28 pieds (8,5 m) à l'aide d'un skipper expérimenté et mouillez dans les eaux du fleuve Saint-Laurent.

L'entreprise charlevoisienne l'Air du Large propose de belles sorties en voilier, question de tester votre pied marin. Lors d'escapades de deux jours, la destination est choisie avec le capitaine (skipper), selon les conditions atmosphériques. Il est possible de filer jusqu'à l'île aux Lièvres et même plus loin, jusque dans le fjord du Saguenay.

Les deux jours se passent entièrement à bord. La nourriture est sous votre responsabilité, pour vous et le capitaine, et comme le navire ne comporte que cinq couchettes, seulement quatre personnes peuvent prendre part à l'activité.

Après deux jours d'embruns salés et l'accostage à Baie-Saint-Paul, faites escale à l'Auberge la Maison Otis, où les qualificatifs les plus fins et les plus suaves s'appliquent à la cuisine du chef, qui a développé un menu gastronomique évolutive dans lequel les saveurs régionales prennent de nouveaux accents et suscitent de nouvelles compositions. Dans le décor invitant de la plus ancienne section de l'auberge, où se trouvait une banque auparavant, le convive est invité à une expérience culinaire réjouissante ainsi qu'à une soirée apaisante. Le service est impeccable, et la sélection de vins est bonne.

Pensez-y

Apportez un coupe-vent, une casquette, de bonnes chaussures à semelles antidérapantes, de la crème solaire et votre bonne humeur!

N'oubliez pas de vous ravitailler avant le départ car vous devez nourrir le capitaine.

Votre appareil photo est un élément essentiel, mais soyez prudent: l'eau de mer peut avoir un effet désastreux sur ses fragiles composantes électroniques.

Les adresses

Air du large
210 rue Ste-Anne
Baie-St-Paul
418-435-2066
www.airdularge.com

Auberge la Maison Otis
23 rue St-Jean-Baptiste
Baie-St-Paul
418-435-2255 ou
800-267-2254
www.maisonotis.com

Pour s'y rendre

À partir de Québec, prenez l'autoroute 440 Est puis la route 138 jusqu'à Baie-St-Paul.

de Montréal: 4h

de Québec: 1h

Kayak de mer

3 🏃 $$$ – $$$$$!!!

Les baleines de la mer et du monde

À bord d'un kayak de mer, participez à une excursion dans le parc marin du Saguenay–Saint-Laurent, et donnez-vous les meilleures chances d'apercevoir ces immenses et splendides mammifères que sont les baleines.

Les pieds dans l'eau

L'entreprise Mer et Monde Écotours organise une excursion accompagnée d'une durée de deux jours dans l'estuaire du fleuve Saint-Laurent, reliant Bergeronnes à Tadoussac. Le forfait Explorateur comprend deux jours de kayak avec tout l'équipement nécessaire, une nuit en camping à la Pointe Sauvage et tous les repas, de grande qualité gastronomique. Selon les conditions, vous apercevrez au moins un mammifère marin, mais certainement plus, et vous aurez peut-être la chance d'admirer une baleine à bosse, ou une baleine bleue, qui sait? Notez que le trajet peut s'effectuer en sens inverse selon les marées et les vents.

Le territoire du parc marin du Saguenay–Saint-Laurent, entièrement constitué d'eau, couvre une section de l'estuaire du Saint-Laurent et du fjord du Saguenay. Il a été créé afin de protéger l'exceptionnelle vie aquatique qui y habite. Ce parc spécifique, créé selon les lois provinciale et fédérale, s'étend sur 1 138 km².

À votre arrivée à Bergeronnes en fin de journée, choisissez un emplacement de camping directement sur la propriété de Mer et Monde Écotours. Probablement l'un des campings les plus spectaculaires du Québec, il bénéficie d'un panorama exceptionnel et permet aux kayakistes d'accéder directement à la mer. D'ici, on peut facilement faire l'observation des baleines. Il s'agit d'un camping rustique; donc aucun service n'est offert, si ce n'est des toilettes sèches. Un resto est aussi proposé dans le village des Bergeronnes, le Mer et Monde Café, animé par la même philosophie que l'entreprise.

Pensez-y

Tout l'équipement dont vous pourriez avoir besoin est fourni. Il faut simplement apporter vos effets personnels, votre sac de couchage et votre matelas de sol.

De bonnes lunettes de soleil, de la crème solaire et un chapeau sont des accessoires tout indiqués.

Les adresses

Mer et Monde Écotours
148 rue du Bord-de-l'Eau
Tadoussac
et 53 rue Principale
Bergeronnes
418-235-1056 ou
888-766-1056
www.mer-et-monde.qc.ca

**Parc marin du
Saguenay—Saint-Laurent**
182 rue de l'Église
Tadoussac
418-235-4703 ou
800-463-6769
www.parcmarin.qc.ca

**Restaurant Chez
Mathilde**
227 des Pionniers
Tadoussac
418-235-4443

Hôtel Tadoussac
165 rue du Bord-de-l'Eau
Tadoussac
418-235-4421 ou
800-561-0718
www.hoteltadoussac.com

Si vous faites l'excursion en sens inverse, à votre arrivée à Tadoussac, vous pourrez toujours reprendre votre véhicule et vous diriger vers Bergeronnes pour la nuit en camping. Pour les plus douillets d'entre vous, il sera possible de dormir à l'Hôtel Tadoussac et d'aller manger à l'excellent restaurant Chez Mathilde.

Jeune entreprise dynamique en plein cœur du village, le restaurant Chez Mathilde propose un petit menu de fine gastronomie très créative, qui varie selon les arrivages. L'ambiance est épurée et agrémentée des toiles du peintre Simon Philippe Turcot.

Face au fleuve dans un long bâtiment blanc évoquant vaguement un manoir de la fin du XIXe siècle, l'Hôtel Tadoussac se distingue aisément par son toit rouge vif. Le lieu est très confortable et vous assure un repos bien mérité, après deux jours passés sur le fleuve.

Pour s'y rendre

À partir de Québec, prenez l'autoroute 440 Est puis la route 138, et filez jusqu'à Tadoussac.

de Montréal: 5h30

de Québec: 2h30

Kayak de mer

🔲 👫 $$$$!!!

Les falaises du fjord

Imaginez-vous tout petit dans votre embarcation, admirant de magnifiques falaises bombées qui se jettent dans la rivière Saguenay... Inoubliable!

Installé dans le joli petit village de L'Anse-Saint-Jean, au creux de la baie qui lui donne son nom, Fjord en kayak organise des excursions en kayak de mer dans le fjord du Saguenay, pour tous les goûts et tous les âges.

Le forfait complet de deux jours et une nuit en camping permet de bien profiter du spectacle de cette immensité panoramique. Le départ a lieu tôt la première journée, ce qui permet de passer par de nombreuses anses, et de filer jusqu'à l'Anse du Portage pour la nuit sous la tente, où vous prendrez un repas de confit de faisan avec légumes frais. Le lendemain, après un petit déjeuner copieux, vous entreprendrez la découverte d'îles situées en plein centre du fjord, pour revenir ensuite au point de départ en fin de journée. Des excursions familiales de deux et trois jours dans le fjord du Saguenay sont aussi proposées, de même que des sorties de plus courte durée.

De plus, Fjord en kayak offre la location de vélos, pour découvrir le magnifique village de L'Anse-Saint-Jean sur la terre ferme, avec ses 10 km de pistes cyclables.

Il faut aussi se rendre au belvédère de l'Anse de Tabatière (passez le pont couvert et suivez les indications sur 6 km), qui offre un point de vue spectaculaire sur les falaises abruptes du fjord, mais cette fois d'en haut!

À votre retour, et pour vous récompenser des efforts fournis, attablez-vous à l'Auberge des Cévennes, qui concocte une cuisine du terroir raffinée avec quelques accents modernes. Son menu comporte plusieurs plats de fruits de mer; le steak de chevreuil sauce aux bleuets et le magret d'oie à l'érable sont aussi délicieux.

Pensez-y

Tout l'équipement dont vous pourriez avoir besoin est fourni. Il faut simplement apporter vos effets personnels, votre sac de couchage et votre matelas de sol.

De bonnes lunettes de soleil, de la crème solaire et un chapeau sont des accessoires tout indiqués.

Les pieds dans l'eau

Les adresses

Fjord en kayak
359 rue St-Jean-Baptiste
L'Anse-Saint-Jean
418-272-3024
www.fjord-en-kayak.ca

Auberge La Fjordelaise
370 rue St-Jean-Baptiste
L'Anse-Saint-Jean
418-272-2560 ou
866-372-2560
www.fjordelaise.com

Auberge des Cévennes
294 rue St-Jean-Baptiste
L'Anse-Saint-Jean
418-272-3180 ou
877-272-3180
www.auberge-des-
cevennes.qc.ca

Pour terminer votre séjour en beauté, après une nuit à la dure en camping, descendez à l'Auberge La Fjordelaise, qui se trouve sur la pointe du très beau village de L'Anse-Saint-Jean. Les lits sont d'un confort absolument «décadent» (surmatelas, couette et oreillers en duvet!...), les petits déjeuners sont excellents et copieux, le service est gentil et attentionné, la vue est belle... En somme, parfait et sympathique.

Pour s'y rendre

À partir de Québec, prenez l'autoroute 440 Est puis la route 138, filez jusqu'à St-Siméon et prenez à gauche la route 170, que vous suivrez jusqu'à L'Anse-Saint-Jean.

de Montréal: 5h30

de Québec: 2h30

Kayak de mer, vélo, randonnée pédestre, baignade

3 $$$!!!

En kayak
sur le lac Saint-Jean

Il fait bon découvrir la rivière Péribonka et le lac Saint-Jean à bord d'un kayak de mer qui, en plus d'être une embarcation stable et sécuritaire, permet de cheminer tranquillement et d'observer les alentours patiemment.

Une bonne manière d'explorer cette région est de faire le tour du parc national de la Pointe-Taillon par la rivière Péribonka à partir de l'île du Repos, de dormir sur l'île Bouliane en camping et de revenir par le lac vers le centre de service principal. Ce grand tour, d'une longueur de 45 km, est considéré comme difficile, mais rien ne vous empêche d'y aller à votre rythme.

Le parc national de la Pointe-Taillon se trouve sur la bande de terre qui est formée par la rivière Péribonka et qui avance dans le lac Saint-Jean. Le site est un endroit privilégié pour pratiquer les sports nautiques comme le canot et le kayak. En outre, le parc possède de magnifiques plages de sable fin. Quelque 40 km de pistes cyclables permettent aux cyclistes d'y jouir d'un magnifique parcours. Une petite boutique sur place permet soit de faire réparer son vélo ou d'en louer un!

Avant votre départ, passez la nuit à l'Auberge de l'Île-du-Repos. Ce lieu a acquis, au fil des ans, une bonne réputation. Il s'agit d'une belle grande auberge de jeunesse qui se dresse seule sur son île au milieu de la rivière, et ce, dans un décor enchanteur. Elle offre une ambiance conviviale et un milieu propice aux échanges et aux activités de plein air. On y présente régulièrement des spectacles en tout genre. Des emplacements de camping sont aussi disponibles.

Au matin, partez tôt et, à mi-chemin, campez au milieu des flots sur l'île Bouliane. Les emplacements de camping sont très espacés et donnent accès à une belle plage léchée par les vagues. Le réveil se fait de bon matin, et c'est le temps de reprendre l'aviron!

Pensez-y

À Alma, l'entreprise Équinox Aventure offre en location tout l'équipement dont vous pourriez avoir besoin.

De bonnes lunettes de soleil, de la crème solaire et un chapeau sont des accessoires tout indiqués.

Comme le séjour se passe loin de tout point de ravitaillement, apportez vos provisions.

Les pieds dans l'eau

Les adresses

**Parc national
de la Pointe-Taillon**
835, rang 3 O.
St-Henri-de-Taillon
418-347-5371 ou
800-665-6527
www.sepaq.com

**Auberge
de l'Île-du-Repos**
105 cercle de l'Île-du-
Repos
Péribonka
418-347-5649 ou
800-461-8585
www.iledurepos.com

Restaurant Margot
567 boul. du Royaume
Larouche
418-547-7007
(Larouche est le premier
village du Lac-Saint-Jean
que l'on croise en arrivant
du Saguenay)

**Microbrasserie
du Lac-Saint-Jean**
120 rue de la Plage
St-Gédéon
418-345-8758
www.microdulac.com

Équinox Aventure
160 av. St-Joseph S.
Alma
418-668-7381 ou
888-668-7381
www.equinoxaventure.ca

Après votre arrivée au centre de service du parc, reprenez le volant et rendez-vous à Larouche, où le restaurant Margot sert une étonnante cuisine internationale, plutôt inspirée pour un établissement de bord de route. Le décor est de très bon goût, et vous dégusterez votre repas en contemplant des toiles d'artistes québécois reconnus internationalement (Riopelle, Lemieux...).

En fin de soirée, rendez-vous à Saint-Gédéon, à la Microbrasserie du Lac-Saint-Jean, un magnifique pub qui sert d'excellentes bières brassées sur place selon la méthode belge. Ambiance réussie: on a envie d'y être et d'y revenir. Des bouchées et des repas légers y sont aussi proposés.

Pour s'y rendre

À partir de Québec, prenez l'autoroute 73 Nord puis la route 175 jusqu'à la route 169, que vous suivrez jusqu'à Alma et qui fait ensuite le tour du lac et vous mène à St-Henri-de-Taillon.

de Montréal: 6h

de Québec: 3h

Voile, parcours aérien d'aventure, kayak de mer

2 🏃 $$$$ *!!!*

En voilier sur le fjord

Faites-vous bercer par les flots profonds de la rivière Saguenay, à bord d'un fier esquif à voiles que vous apprendrez à manœuvrer, toute une journée.

Le cap Jaseux est le point de départ d'une excursion d'une journée complète à bord d'un petit voilier de 25 pieds (7,6 m) et en compagnie d'un capitaine qui connaît le fjord du Saguenay comme le fond de sa poche. En plus des paysages merveilleux que vous aurez la chance d'embrasser du regard, la sortie se veut une croisière-école où vous apprendrez les rudiments de la navigation à la voile.

....

Le cap Jaseux est une paroi rocheuse verticale qui surplombe la rivière Saguenay et son fjord. Vous pourrez la descendre en rappel à partir d'un belvédère situé 35 m plus haut. Cette descente de la paroi se veut spectaculaire, et le retour se fait par la via ferrata.

....

À votre retour sur la terre ferme, que vous ne foulerez que quelques instants, il convient de passer la nuit dans une des cabanes perchées dans les arbres, d'où la vue sur le Saguenay est prenante. Cette formule d'hébergement ludique et surprenante séduit et réjouit l'enfant en chacun de nous. Juchées à bonne hauteur, les cabanes disposent de mobilier en rotin, de tous les ustensiles nécessaires, d'une toilette sèche au niveau du sol et d'un petit gril à briquettes pour la cuisine. D'ailleurs, côté cuisine, comme le lieu n'offre pas de service de restauration, vous devrez vous munir de provisions en passant par la ville de Saguenay.

Le lendemain, le Parc Aventures Cap Jaseux vous proposera une activité très particulière: le Parcours Fjord en arbres Extrême. Il s'agit d'un tout nouveau concept de parcours aérien, qui n'est pas plus haut que les autres parcours offerts ici ou ailleurs, mais qui demande un peu plus d'équilibre et d'engagement de la part des participants. Il a aussi ceci de particulier que vous n'êtes pas attaché! Vous disposez seulement de filets de sécurité, situés presque au niveau du sol, qui vous permettent ainsi de ne pas vous

Pensez-y

Pensez à vous munir de provisions pour la journée et la soirée. Une collation à emporter sur le voilier pourrait se composer de fruits secs et de barres de céréales.

Apportez votre appareil photo, tant pour les superbes paysages du Saguenay que pour prendre vos proches en train de tomber d'un des jeux suspendus jusque dans le filet de sécurité! Rires en perspective.

Les pieds dans l'eau et en l'air

fracturer la jambe si vous tombez. Alors gare aux mouvements imprécis! (À tout le moins pour ceux qui ne désirent pas tester la solidité des filets, ce qui s'avère toutefois plutôt amusant!) Le parcours se compose de 24 jeux suspendus et de grandes tyroliennes avec vue sur l'immensité du fjord. Après un petit pique-nique sur place le midi, il sera alors temps de reprendre la route.

Pour s'y rendre

À partir de Québec, prenez l'autoroute 73 Nord puis la route 175 jusqu'à Saguenay. Traversez le pont qui mène à la rive nord du fjord et prenez à droite la route 172, que vous suivrez jusqu'à St-Fulgence.

de Montréal: 5h30

de Québec: 3h

Pêche, randonnée pédestre

🎫 🏃 $$$$$ ‼️

Les truites de Port-Daniel

Faites un court séjour dans un chalet de la réserve faunique de Port-Daniel, et coupez-vous du monde extérieur, le temps de mettre votre chaloupe à l'eau et de tendre votre ligne.

Créée en 1953, la réserve faunique de Port-Daniel présente un grand intérêt pour quiconque s'intéresse à la nature... et à la pêche! La réserve compte 25 lacs dont une dizaine sont attribués aux amateurs de pêche à la journée et les autres sont réservés aux pêcheurs qui profitent de l'hébergement offert par la réserve faunique. Vous y trouverez de plus une faune et une flore particulièrement riches. La réserve, d'une superficie de 57 km², est sillonnée de sentiers et parsemée de lacs et de chalets. Certains belvédères offrent de très belles vues. Le chalet de l'Île, accessible seulement par bateau, est construit sur pilotis au-dessus d'un lac, et promet un séjour fabuleux. Et qui sait, si votre pêche est bonne, peut-être n'aurez-vous pas besoin de vous ravitailler en route?

À votre retour, faites escale pour une nuit dans un des seuls gîtes classés cinq soleils au Québec: le gîte touristique Bleu sur Mer. Il est situé dans une splendide maison directement sur le barachois de Port-Daniel–Gascons. Il propose trois chambres confortables, et un projet prévoit la création de deux suites complètes sous les combles. L'endroit est en tout point incroyable. Les salles de bain sont modernes et créatives à souhait, et l'établissement possède même un héliport! Les petits déjeuners sont délicieux et créatifs, et l'ambiance générale est très détendue, plutôt branchée et même sensuelle, mais d'un goût irréprochable! En basse saison, on peut faire la demande pour une table d'hôte gastronomique sur place.

Les pieds dans l'eau

Pensez-y

Vous devez apporter tout votre matériel de pêche.

Apportez des vêtements selon les conditions météo.

Vous devez vous ravitailler en passant par un des villages de la région de la Baie-des-Chaleurs avant de vous rendre à la réserve faunique.

N'oubliez pas votre appareil photo!

Les adresses

**Réserve faunique
de Port-Daniel**
(à 8 km de la route 132
depuis Port-Daniel–
Gascons)
418-396-2789 en saison ou
418-396-2232 hors saison
www.sepaq.com

Bleu sur Mer
504 route 132
Port-Daniel–Gascons
418-396-2538
www.bleusurmer.com

Pour s'y rendre

À partir de Québec, prenez l'autoroute 20 Est puis la route 132. Une fois rendu à Ste-Flavie, prenez sur la route 132 en direction de la baie des Chaleurs. Port-Daniel–Gascons est un des derniers villages que vous croiserez avant la pointe de la péninsule gaspésienne.

de Montréal: 10h

de Québec: 7h

Canot, kayak

🛶 👥 $$$ ‼️

Les eaux cristallines de la Bonaventure

L'eau des rivières de la Gaspésie est si pure et limpide qu'il faut la voir pour le croire. La rivière Bonaventure ne fait pas exception, et elle est même considérée comme l'une des plus majestueuses (et amusantes!) de la région de la Baie-des-Chaleurs.

Pensez-y

Pensez à porter des chaussures que vous pourrez mouiller. En été, la rivière n'est parfois pas assez profonde pour continuer à pagayer. Il faut alors mettre les pieds dans l'eau pour tirer le canot sur quelques mètres.

Apportez votre appareil photo et des vêtements de rechange en évitant autant que possible le coton.

Les adresses

Cime Aventure
200 ch. Athanase-Arsenault
Bonaventure
418-534-2333 ou
800-790-2463
www.cimeaventure.com

L'entreprise Cime Aventure organise des excursions sur la rivière Bonaventure, en kayak ou en canot, d'une durée allant de quelques heures à six jours. Si vous voulez vivre la rivière sans compromis, optez pour le forfait Découverte Intégrale: vous verrez alors 18 km de rivière, accompagné par un guide accrédité en descente de rapides. Tout en vous enseignant quelques techniques de canotage et en apprivoisant plusieurs rapides, le guide vous fera connaître les plus beaux endroits de la rivière, souvent cachés, ainsi que la faune et la flore des lieux. Ce forfait comprend la descente en canot et l'équipement, le guide, les repas (trois) ainsi qu'une nuitée dans un tipi ou dans les magnifiques «écologis».

Bâtis selon le principe qui stipule qu'il est possible de vivre dans la nature sans la déranger, les cinq «écologis» sont des structures surélevées sur pilotis, question de ne pas gêner les animaux qui peuvent ainsi se déplacer sans problème. Un escalier, au pied duquel se trouve un rond de feu pour les soirées fraîches, mène à chaque unité. Un petit coin de forêt privé, exotique et luxueux à la fois. On trouve aussi chez Cime un excellent restaurant, l'Acayenne, qui se transforme en bar le soir. Il propose quelques spectacles musicaux les fins de semaine, favorisant les groupes de la relève québécoise. Le lieu dispose aussi d'un sauna, agréable pour les canoteurs de retour après une journée fatigante mais réjouissante!

Pour s'y rendre

À partir de Québec, prenez l'autoroute 20 Est puis la route 132. Une fois rendu à Ste-Flavie, prenez la route 132 en direction de la baie des Chaleurs.

de Montréal: 9h

de Québec: 6h

Les pieds dans l'eau

Canot, canyonisme

3 $$ – $$$$ *!!!*

De rivière en canyon

Passez une journée à cheminer dans un canyon, vêtu d'une combinaison iso-thermique, et revenez vers votre point de départ en descendant une magni-fique rivière cristalline en canot.

À L'Anse-au-Griffon, Griffon Aventure organise la descente, en canot ou en kayak, de cinq des rivières cristallines des environs. La descente de la rivière Saint-Jean se fait très facilement en canot de rivière et se marie particuliè-rement bien avec un avant-midi de canyonisme: attaché à un filin d'acier, on parcourt une gorge à travers chutes d'eau et torrents.

Pour la nuit, le coucher se fait en camping. Que ce soit en yourte, en tipi ou sous la tente, vous êtes assuré d'un réveil magnifique grâce à la beauté du site.

À ceux qui désirent un confort plus complet, la splendide Maison William Wakeham, à Gaspé, propose six chambres dans une ancienne demeure en pierre. L'ambiance est très chaleureuse et le confort irréprochable. La chambre de la Reine est tout simplement magnifique et a effectivement un cachet royal et très anglais. La table est par surcroît probablement la meilleure de la région.

Pensez-y

Tout l'équipement est fourni; vous ne devez apporter que des vêtements que vous serez prêt à mouiller.

De bonnes chaussures à semelles antidérapantes sont indispensables.

Si vous optez pour le camping (en yourte, en tipi ou sous la tente), apportez votre sac de couchage.

Les adresses

Griffon Aventure
829 boul. du Griffon
(route 132)
L'Anse-au-Griffon
418-360-6614
www.griffonaventure.com

Maison William Wakeham
186 rue de la Reine
Gaspé
418-368-5537
www.maisonwakeham.ca

Pour s'y rendre

À partir de Québec, prenez l'autoroute 20 Est puis la route 132 tout droit sur 600 km! Le village de L'Anse-au-Griffon est situé juste un peu avant le parc Forillon et Gaspé.

de Montréal: 12h

de Québec: 9h30

Les pieds dans l'eau

Voile, croisière

⏱ 🚹 $$$$!!!

À la voile dans la baie des Chaleurs

La baie des Chaleurs est une magnifique étendue d'eau qui sépare la Gaspésie du Nouveau-Brunswick. Arpentez-la directement sur l'eau à bord d'un petit navire-école, en laissant la terre ferme derrière vous pour deux jours.

Écovoile Baie-des-Chaleurs, une petite coopérative de solidarité, propose des excursions en dériveur (petit voilier de une ou deux places) dans la baie des Chaleurs. Mais on ne goûte véritablement au plaisir nautique qu'en choisissant la croisière de deux jours, grâce à laquelle les secrets de la navigation à la voile vous seront révélés! Le quillard utilisé, d'environ 30 pieds (9 m), permet à quatre personnes de prendre part à l'excursion en mer. Vous partagerez les tâches, la cuisine, apprendrez à faire des nœuds coulants, plats et d'arrimage. Le départ a lieu vers 20h le vendredi, et le retour vers 16h le dimanche. Après des sorties de 3h à 7h en mer, on passe tout notre temps sur le navire, les deux nuitées incluses, amarré à un quai.

Ceux qui ne disposent pas d'autant de temps pourront y faire la location d'embarcations ou de kayaks de mer, en plus de prendre part à une sortie en voilier s'étendant sur quelques heures.

Vu l'heure tardive du retour, descendez au Gîte Le Flâneur, qui compte cinq chambres sympathiques et sans prétention. L'établissement est situé en plein centre de la petite ville de Carleton-sur-Mer, mais sur un grand terrain un peu en retrait de l'agitation, toute relative. Une magnifique terrasse à l'avant permet de se reposer dans un hamac ou dans un fauteuil suspendu en osier.

Et la soirée ne saurait être complète sans un repas à la salle à manger du chef d'origine marocaine du restaurant Le Marin d'eau douce. Il concocte des petits plats de fine cuisine européenne, mais aussi exotiques, comme des tajines de poisson de la Gaspésie et d'autres mets du Maghreb à base d'agneau. Le lieu est charmant et très chaleureux.

Pensez-y

Portez des vêtements que vous serez prêt à mouiller. Un bon imperméable, un chapeau et des lunettes de soleil sont des éléments à apporter obligatoirement. Deux catégories de vêtements, chauds et légers, sont à favoriser, et utilisez la technique multicouche.

Votre appareil photo ne saurait être laissé chez vous.

La nourriture est partagée entre les participants à la croisière, qui seront mis en contact deux semaines avant le départ, question de coordonner les repas.

Les pieds dans l'eau

Les adresses

**Écovoile
Baie-des-Chaleurs**
499 boul. Perron
Carleton-sur-Mer
418-392-1974 ou
418-364-7802
www.ecovoile.com

Gîte Le Flâneur B&B
470 boul. Perron
Carleton-sur-Mer
418-364-2210 ou
866-364-2210
www.giteleflaneur.ca

Le Marin d'eau douce
215 route du Quai
Carleton-sur-Mer
418-364-7602
www.marindeaudouce.com

Pour s'y rendre

À partir de Québec, prenez l'autoroute 20 Est puis la route 132. Une fois rendu à Ste-Flavie, prenez la route 132 en direction de la baie des Chaleurs.

de Montréal: 8h30

de Québec: 5h30

Kayak de mer

2 $$$$$ *!!!*

Pagayer à la pointe de la Gaspésie

De Percé à Gaspé, le golfe du Saint-Laurent prend des allures d'océan. Parcourez cet espace grandiose en kayak de mer, dormez dans une anse, caressé par le bruit des vagues, et goûtez les produits régionaux, apprêtés directement sur les braises d'un feu de camp.

Aube Aventure propose des excursions en kayak de mer dans la baie de Gaspé et au-delà. Elles permettent d'aller à la rencontre des phoques pour quelques heures, ou bien d'effectuer une véritable expédition de deux ou trois jours dans le golfe du Saint-Laurent (littéralement la mer à cet endroit), entre Cap-aux-Os et Percé. Le départ se fait à Percé, et en suivant la ligne de côte, on arrive à Cap-aux-Os deux jours plus tard, trois si les conditions sont plus difficiles. Aube Aventure est d'ailleurs une des seules écoles de sauvetage en mer et en rivière reconnues au Québec; vous pouvez donc être assuré de la compétence de ses guides. Les repas gastronomiques et le coucher en camping font partie intégrante du séjour.

Au retour de votre expédition, passez la nuit au Gîte du Loup Marin. La vue qu'offre ce petit établissement de quatre chambres ouvert toute l'année est tout simplement sublime. Peu cher, il consiste en un pied-à-terre très sympathique à même le parc national Forillon pour pratiquer toutes sortes d'activités, ou simplement pour vous reposer d'avoir pagayé gaillardement pendant deux ou trois jours.

L'époustouflant territoire du parc national Forillon forme une péninsule montagneuse de 36 km de longueur, qui pointe vers le golfe du Saint-Laurent comme le doigt d'une main. Avec ses falaises sculptées par la mer et son paysage extraordinaire, le lieu vous assure de magnifiques randonnées pédestres. Reportez-vous à la page 60 pour plus de possibilités.

Pensez-y

Tout l'équipement dont vous pourriez avoir besoin est fourni. Il faut simplement apporter vos effets personnels, votre sac de couchage et votre matelas de sol.

De bonnes lunettes de soleil, de la crème solaire et un chapeau sont des accessoires tout indiqués.

Les pieds dans l'eau

Les adresses

Aube Aventure
1986 boul. Grande-Grève
Cap-aux-Os
418-892-0004
www.aubeaventure.com

Gîte du Loup Marin
2060 boul. Grande-Grève
Cap-aux-Os
418-892-5162
www.gaspesie.net/
loupmarin

Pour s'y rendre

À partir de Québec, prenez l'autoroute 20 Est puis la route 132 tout droit sur 600 km!
Le parc Forillon est situé juste un peu avant Gaspé.

de Montréal: 11h

de Québec: 8h

Kayak de mer, randonnée pédestre

2 $$$ – $$$$ *!!!*

La magie du Bic

Naviguez au coucher du soleil dans les anses des îles du Bic, toutes en hauteur, pour ensuite vous faire plaisir dans une des plus belles auberges du Québec.

Le parc national du Bic présente un impressionnant réseau d'îles qui semblent être tombées là comme par hasard, ponctuées de falaises qui se jettent dans l'eau du fleuve, créant ainsi un splendide panorama. Et comme la région est reconnue à travers le monde pour la beauté de ses couchers de soleil qui disparaissent derrière les montagnes de Charlevoix, pourquoi ne pas en profiter pour faire une balade de 4h en kayak de mer, sur les flots du Saint-Laurent, pendant qu'un guide naturaliste vous parle de la faune et la flore locales tout en agrémentant ses commentaires de quelques légendes amérindiennes?

Comme l'activité se tient à la brunante, si vous venez de loin, passer la nuit dans la région est garant d'une hospitalité incomparable. D'un romantisme fou, l'Auberge du Mange Grenouille, beaucoup plus grande qu'elle ne le paraît au premier abord, comporte plusieurs unités à thème. Sensuellement débridées, elles proposent pour la plupart un très grand lit, une salle de bain complète et, surtout, une décoration et un aménagement follement origi-

Pensez-y

Tout l'équipement dont vous pourriez avoir besoin est fourni. Il faut simplement apporter vos effets personnels, votre sac de couchage et votre matelas de sol.

De bonnes lunettes de soleil, de la crème solaire et un chapeau sont des accessoires tout indiqués.

Des chaussures ou des sandales bien sanglées que vous pouvez mouiller sont indispensables.

Les pieds dans l'eau

naux et exotiques. Les chambres côté jardin sont hautement recommandées. Elles possèdent une verrière donnant sur un petit jardin et plus loin sur le fleuve. Bain à remous, accès à Internet sans fil et toutes les petites attentions qu'on peut imaginer. L'ambiance rappelle un vieux théâtre des années 1920... Une des plus belles adresses de la région, sinon du Québec!

En plus, l'auberge est reconnue comme une des meilleures tables régionales. La salle à manger est aménagée dans un ancien magasin général et est garnie de vieux meubles soigneusement choisis afin d'agrémenter les lieux. Le menu, proposé à la carte, en table d'hôte ou selon le principe de l'écogastronomie (menu dégustation à six services pouvant s'échelonner sur deux à trois heures), est créatif à l'extrême et d'une qualité irréprochable. Tous les jours, on offre un choix de cinq ou six tables d'hôte, composées de plats de gibier, de poisson, de volaille et d'agneau, dont une grande partie met à l'honneur les produits régionaux.

Si vous voulez plutôt rester dans l'esprit de la nature, sachez que le parc du Bic offre en location quatre yourtes, pour du camping de grand luxe. Elles sont même dotées d'une cuisinette tout équipée. Vous devrez faire halte au marché local pour vous ravitailler, ou bien aller au restaurant de l'Auberge du Mange Grenouille.

Le lendemain, profitez-en pour vous perdre dans le parc national du Bic, et faites les randonnées du Miquelon et du Scoggan, d'une longueur de 6 km, qui mènent au sommet de la Montagne à Michaud. De là, la vue sur le fleuve est tout simplement magnifique.

Les adresses

Parc national du Bic
3382 route 132
Le Bic
418-736-5035 ou
800-665-6527
www.sepaq.com

Auberge du Mange Grenouille
148 rue Ste-Cécile
Le Bic
418-736-5656
www.aubergedumange
grenouille.qc.ca

Pour s'y rendre

À partir de Québec, prenez l'autoroute 20 Est puis la route 132 jusqu'au Bic.

de Montréal: 5h30

de Québec: 3h

Vélo de route

2 $$$$$ *!!!*

D'Ayer's Cliff
à North Hatley

Explorez les belles routes des Cantons-de-l'Est à vélo et suivez les chemins sinueux qui mènent à des lieux d'hébergement et à des tables uniques au Québec.

Bien connue des cyclistes québécois, la piste des Grandes Fourches épouse le cours de la très belle rivière Massawippi à partir de North Hatley, dans un décor extrêmement verdoyant et des plus agréables, même sous la pluie. L'itinéraire longe Capelton et sa mine, traverse l'université Bishop à Lennoxville, passe par Sherbrooke et rejoint Magog et North Hatley par l'intermédiaire du circuit plus escarpé de l'Axe du sommet.

Les circuits de vélo des Cantons-de-l'Est s'étendent sur 500 km de pistes diverses, et les options sont nombreuses pour les cyclotouristes. Plusieurs circuits sont proposés aux cyclistes, entre autres six pistes cyclables, six circuits routiers et la Véloroute des Cantons, une grande boucle qui s'étire sur 225 km de part en part de la région amalgamant pistes et routes panoramiques. Vous pouvez commander la carte auprès de Tourisme Cantons-de-l'Est (819-820-2020 ou 800-355-5755, www.cantonsdelest.com) ou consulter la carte interactive directement sur le site Web de l'association.

Après cette intense journée et pour la première nuit, descendez au Manoir Hovey, bâti en 1900, qui reflète bien l'époque où de riches familles choisissaient North Hatley pour y passer leurs vacances dans de belles demeures de campagne. Transformé en auberge il y a plus de 40 ans, le Manoir offre, aujourd'hui encore, un grand confort. Ses 40 chambres sont garnies de beaux meubles anciens, et la plupart font face au lac Massawippi. La vaste étendue de pelouse au bord du lac, derrière la propriété, est idéale pour une relaxation estivale. Bref, cet agréable établissement déborde de cachet.

Pensez-y

Apportez tout votre équipement.

De l'eau en bonne quantité et une collation vous permettront de mieux vivre cette petite aventure.

Les pieds sur les pédales

Les adresses

Manoir Hovey
575 ch. Hovey
North Hatley
819-842-2421 ou
800-661-2421
www.manoirhovey.com

Café Massawippi
3050 ch. Capelton
North Hatley
819-842-4528
www.cafemassawippi.com

Auberge Ripplecove Inn
700 rue Ripplecove
Ayer's Cliff
819-838-4296 ou
800-668-4296
www.ripplecove.com

Et puisque vous êtes à North Hatley, allez au Café Massawippi en soirée: vous ne serez déçu en aucune manière par l'originalité de son menu (voir p 32).

Le lendemain, vous pourrez parcourir la très belle piste Tomifobia (voir p 124).

Après votre deuxième journée sur les routes, vous accueille l'Auberge Ripplecove Inn, qui regarde vers le lac Massawippi. Avec son verdoyant terrain d'environ 6 ha, elle offre un cadre champêtre merveilleusement paisible permettant de vous reposer après une journée à pédaler. Son élégant salon de style victorien et ses chambres distinguées assurent le confort dans une intimité sans pareille. Aussi les chambres les plus luxueuses possèdent-elles un foyer et une baignoire à remous.

Le restaurant de l'Auberge Ripplecove propose une fine cuisine gastronomique de grande distinction. Son atmosphère victorienne et son décor élégant en font un excellent endroit pour un repas romantique. En outre, l'établissement dispose d'une bonne cave à vins.

Pour s'y rendre

À partir de Montréal, prenez l'autoroute 10 Est puis l'autoroute 55 Sud jusqu'à Ayer's Cliff.

de Montréal: 2h

de Québec: 4h30

Vélo de randonnée, observation de la nature

🎫 👥 $$!!

À vélo vers le nord

Sur une piste recouverte de gravier, passez des premières montagnes et forêts des Laurentides aux villages de la région que l'on nommait à l'époque «les pays d'en haut».

L'ancienne voie ferrée du P'tit Train du Nord, qui permit longtemps aux Montréalais de «monter dans le nord», a été transformée en une superbe voie cyclable. De Saint-Jérôme à Mont-Laurier, 200 km de pistes aménagées s'offrent à vous dans le bien nommé parc linéaire du P'tit Train du Nord. De plus, le parcours traverse plusieurs petits villages où il est possible de trouver hébergement et restauration pour toutes les bourses.

La section entre Saint-Jérôme et Labelle est particulièrement agréable, et une halte à mi-chemin dans les environs de Val-David s'avère tranquille et est un gage de bons moments.

Arrêtez-vous à l'auberge Le Creux du Vent, où les six chambres ne sont pas spectaculaires, mais le confort qu'elles offrent est excellent et les tarifs forfaitaires sont littéralement imbattables pour la région. La terrasse, ombragée par de splendides arbres centenaires et donnant sur le cours d'eau en contrebas, est tout simplement magnifique. Au restaurant, le menu du chef Bernard, le sympathique propriétaire d'origine suisse, est simple mais très raffiné et vaut le déplacement.

Pensez-y

Apportez des vêtements de rechange en cas de pluie ainsi qu'un bon imperméable.

Une collation serait tout indiquée, mais vous croiserez de nombreux points de service le long du sentier.

L'entreprise Transport Le Petit Train du Nord organise un service de navettes qui vous permet de revenir à votre point de départ, ou l'inverse, selon votre choix.

Les pieds sur les pédales

Les adresses

**Parc linéaire
du P'tit Train du Nord**
Tourisme Laurentides
14142 rue de la Chapelle
Mirabel
450-436-8532 ou
800-561-6673
www.laurentides.com/
parclineaire

Le Creux du Vent
1430 rue de l'Académie
Val-David
819-322-2280 ou
888-522-2280
www.lecreuxduvent.com

**Transport Le Petit Train
du Nord**
2180 rue Labelle
Mont-Tremblant
819-425-8744 ou
888-893-8356
www.lepetittraindunord.com

Pour s'y rendre

À partir de Montréal, prenez l'autoroute 15 Nord, puis sortez à St-Jérôme.

de Montréal: 1h

de Québec: 4h

Vélo de randonnée, vélo de montagne, randonnée pédestre, baignade

🏕 $$$$!

Amants à vélo
dans le parc de la Gatineau

Dans le charmant village aux accents anglo-saxons de Wakefield et en bordure du magnifique parc de la Gatineau, un ancien moulin à grains élégamment transformé en une accueillante auberge convie les amoureux de détente, de nature et de randonnée sportive à vélo, qui seront indéniablement comblés et dorlotés.

À quelques minutes des villes d'Ottawa et de Gatineau, l'immense parc de la Gatineau s'étend sur près de 360 km² dans une forêt luxuriante truffée de collines, de grottes, de lacs et de rivières. Le Moulin Wakefield constitue un excellent point de départ pour une joyeuse randonnée à vélo dans le parc. Deux sentiers officiels, bien aménagés, sont aisément accessibles depuis l'auberge et permettent de faire une boucle en trois à cinq heures, selon les arrêts. Choisissez d'abord le sentier qui débouche, à mi-parcours, sur la très jolie plage située près de l'extrémité du lac Philippe. Après de nombreuses montées et descentes sur les pistes vallonnées, une saucette dans la pure et douce eau du lac est une vraie bénédiction! Le parcours contourne ensuite le lac et aboutit dans un sentier plus en douceur, mais toujours en beauté, qui vous mènera jusqu'au point de départ. Mis à part une petite portion d'une quinzaine de minutes sur une route tranquille qui serpente à travers des emplacements de camping, vous roulerez à tout instant dans une belle nature sauvage entre forêt, champs et tourbières.

Les sentiers accessibles aux cyclistes sont en fait à usage combiné pour la randonnée pédestre et le vélo de montagne, et ils totalisent 90 km. Le réseau complet de sentiers et de pistes du parc compte plus de 200 km. Tout près de la plage située à l'extrémité du lac Philippe, un sentier pédestre mène à la caverne Lusk avec ses 400 m de galeries qu'il ne faut pas manquer d'explorer. Creusée dans le marbre, la caverne a été formée par l'action de l'eau issue de la fonte des glaciers il y a 12 500 ans

Pensez-y

L'auberge possède quelques vélos qu'elle loue à sa clientèle. À Gatineau, le Centre du Sport Cycle Bertrand est un excellent point de service pour la location et la réparation. Les amateurs de sensations fortes et de descente préféreront les sentiers du Camp Fortune, à Chelsea, à ceux du parc.

Étonnant pour un petit village tel que Wakefield... La salle de spectacle The Black Sheep, à l'angle des chemins Riverside et Mill, est réputée pour la qualité des artistes qu'elle accueille. Des concerts à petit prix y ont lieu toutes les fins de semaine.

*Les pieds **sur les pédales***

Les adresses

Parc de la Gatineau
33 ch. Scott
Chelsea
819-827-2020 ou
800-465-1867

Le Moulin Wakefield
60 ch. du Moulin
Wakefield
819-459-1838 ou
888-567-1838
www.wakefieldmill.com

Centre du Sport Cycle Bertrand
136 rue Eddy
secteur de Hull
Gatineau
819-771-6858

Vélo Fortune (Camp Fortune)
300 ch. Dunlop
Chelsea
819-827-1717
www.campfortune.com/fr/velo/home.php

De retour au moulin, la suite des événements est pure délectation: bain bénéfique dans la cuve thermale au pied de la chute MacLaren qui actionnait jadis la roue du moulin, massage de qualité dans des salles de soins aux murs de pierres centenaires, dîner romantique au savant mélange de cuisine gastronomique et de saveurs du terroir, causerie digestive, partie de billard ou lecture dans le chaleureux salon, avant de gagner la chambre qui respire le luxe confortable et naturel des boiseries d'époque et des petites attentions d'aujourd'hui. Le Moulin Wakefield est un véritable coup de cœur dans la région. Le lieu ne disposant que d'une trentaine de chambres, vous vous y sentirez véritablement choyé et privilégié.

Pour s'y rendre

À partir de Montréal, suivez la route 148 en direction de Gatineau, où vous prendrez l'autoroute 5 Nord puis la route 105 jusqu'à Wakefield. Tournez à gauche dans le chemin Riverside, puis de nouveau à gauche dans le chemin Mill (du Moulin).

de Montréal: 2h

de Québec: 5h

RESTAURANT
5 67
← AUBERGE →

567

Vélo de randonnée

🎽 🏃 $$$ ‼

Portneuf à vélo

Circulez par monts et par vaux sur une piste cyclable qui vous fait voir les beaux paysages de la région de Portneuf et de la Jacques-Cartier.

Pensez-y

En hiver, la piste est utilisée par les motoneigistes.

Apportez une collation et de l'eau.

Les adresses

Vélopiste Jacques-Cartier/Portneuf
100 rue St-Jacques
St-Raymond
418-337-7525 ou
800-321-4992
www.velopistejcp.com

Corridor des Cheminots
160 76ᵉ Rue E.
Québec
418-641-6412
www.ville.quebec.qc.ca

Auberge La Bastide
567 rue St-Joseph
St-Raymond
418-337-3796 ou
877-337-3796
www.bastide.ca

En juillet 1997, la Vélopiste Jacques-Cartier/Portneuf a été inaugurée dans la région de Québec. Utilisant le tracé des anciennes voies ferrées locales et traversant la Station touristique Duchesnay et la réserve faunique de Portneuf, la piste cyclable longe certains lacs de la région et compte 68 km de trajet, depuis Rivière-à-Pierre jusqu'à Shannon. Son environnement envoûtant et son parcours sécuritaire attirent de nombreux cyclistes.

Si vous partez du Vieux-Québec, débutez par le corridor des Cheminots, une piste urbaine de 22 km qui mène jusqu'à Wendake et Shannon, et qui permet de rejoindre la Vélopiste Jacques-Cartier/Portneuf. Après 45 km de parcours, faites une halte à Saint-Raymond. Les sept chambres de l'Auberge La Bastide sont chaleureuses, tout comme l'accueil, d'ailleurs. Cette petite auberge représente une étape incontournable, si vous êtes de passage dans la région, en plus d'être directement située sur la piste cyclable. Le terrain est splendide, les petits déjeuners sont créatifs et les oreillers moelleux.

Côté table, Pascal Cothet, le chef-propriétaire de l'Auberge La Bastide, a publié un livre de ses recettes, toutes plus originales les unes que les autres. En effet, le menu du soir, dit «du Terroir» et composé de wapiti, de sanglier ou de pintade, est tout simplement irrésistible. Une valeur exceptionnelle compte tenu du prix, plutôt abordable.

Les pieds sur les pédales

Pour s'y rendre

de Montréal: 2h30

Vélo de route

2 $$$$ *!!!*

La Véloroute des Bleuets

Faites le tour du lac Saint-Jean à vélo, admirez les beaux paysages de cette chaleureuse contrée et arrêtez-vous dans de jolis gîtes le long de votre parcours.

Le Lac-Saint-Jean s'est doté d'une des plus importantes infrastructures cyclables du Québec avec la Véloroute des Bleuets. Ce réseau ceinture tout le lac Saint-Jean sur 256 km de pistes cyclables et de voies partagées. La plus belle section va de Saint-Gédéon à Roberval, où les cyclistes longent le lac de près. Le secteur de la Pointe-Taillon est également très agréable. La traversée de la décharge du lac, à Alma, se fait par navette fluviale. Selon les capacités de chacun, on peut facilement faire le tour en trois ou quatre jours. Il est suggéré de débuter à Alma et de filer jusqu'à Métabetchouan–Lac-à-la-Croix pour la nuit, et le lendemain de se diriger vers Saint-Prime. De là, on poursuit vers le parc national de la Pointe-Taillon, pour boucler le dernier jour à Alma.

Pour les suggestions d'étapes, en premier lieu, vous trouverez une magnifique résidence bourgeoise au cœur du village très pittoresque de Métabetchouan, la Maison Lamy, qui possède un charme victorien. L'accueil est chaleureux et la décoration soignée. L'auberge est située à un jet de pierre du lac Saint-Jean et de la piste cyclable.

Pour le deuxième jour, l'Échappée Bleue, une jeune initiative originale formée en coopérative, a pour objectif de proposer quatre «gîtes étapes écologiques» le long de la Véloroute des Bleuets, sur le même modèle que les «gîtes étapes» de la route de Compostelle en France et en Espagne. En 2008, la construction du premier gîte à Saint-Prime débutait, et elle devrait être terminée pour la saison 2009. Le restaurant est quant à lui en fonction depuis deux ans.

Pensez-y

Pensez à apporter suffisamment de nourriture, pour les collations en cours de route. Toutefois, vous trouverez plusieurs points de ravitaillement, car la piste évolue souvent en milieu semi-urbain.

*Les pieds **sur les pédales***

Les adresses

**La maison du vélo
de la Véloroute
des Bleuets**
1692 av. du Pont N.
Alma
418-668-4541
www.veloroute-bleuets.qc.
ca

L'Échappée Bleue
75 ch. du Quai
St-Prime
418-251-9000
www.lechappeebleue.com

Auberge La Maison Lamy
56 rue St-André
Métabetchouan–
Lac-à-la-Croix
418-349-3686 ou
888-565-3686
www.bbcanada.com/
lamaisonlamy

**Auberge
de l'Île-du-Repos**
105 cercle de l'Ile-
du-Repos
Péribonka
418-347-5649 ou
800-461-8585
www.iledurepos.com

Almatoit Gîte
755 rue Price O.
Alma
418-668-4125 ou
888-668-4125
www.almatoit.com

Votre dernière ou avant-dernière nuitée sera à l'Auberge de l'Île-du-Repos, qui a acquis, au fil des ans, une belle réputation (voir p 184).

De retour à votre point de départ, vous verrez une splendide maison ancestrale, le magnifique gîte Almatoit, qui offre cinq chambres. Le terrain est splendide, la maison est chauffée par un foyer de masse (il dissipe sa chaleur dans toute la maison), et le propriétaire est très sympathique. Un hangar est mis à la disposition des clients pour ranger leurs vélos. Les petits déjeuners sont à base de produits régionaux et bios.

Pour s'y rendre

À partir de Québec, prenez l'autoroute 73 Nord puis la route 175 jusqu'à la route 169, que vous suivrez jusqu'à Alma.

de Montréal: 6h

de Québec: 3h

Vélo de randonnée, observation de la nature

☷ ⅈ $$$ ‼

Le Témiscouata à vélo

Le Témiscouata est une petite région méconnue des vacanciers. On y retrouve entre autres une magnifique piste cyclable qui permet de longer le majestueux lac Témiscouata, et de tester l'hospitalité régionale dans des auberges de grande classe.

Le Québec et le Nouveau-Brunswick ont uni leurs efforts pour offrir aux amateurs une longue piste cyclable qui sillonne la campagne de part et d'autre de ces deux provinces, de Rivière-du-Loup à Edmundston. Le Petit Témis compte maintenant 134 km de sentiers relativement plats, où la dénivellation ne dépasse jamais 4%, donc accessibles à toute la famille. Le long du parcours se trouvent des stationnements et divers services. La section Sud est longue de 70 km, et l'itinéraire suivant est suggéré: partir du Nouveau-Brunswick, passer la journée à pédaler par monts, lacs et vaux, et terminer la journée à Cabano, à l'Auberge du Chemin Faisant.

La maison qui abrite l'Auberge du Chemin Faisant est une résidence de type Art déco qui a été construite dans les années 1950. Les actuels propriétaires ont conservé le cachet authentique du lieu. Certaines chambres présentent une décoration fidèle à l'époque de la construction de la maison, et la «chambre verrière» est particulièrement magnifique. Toutes les unités sont de grand luxe et offrent tout le confort recherché.

La table de l'auberge est aussi très originale et propose plusieurs thématiques selon les saisons. On peut y déguster une «truite marinée à l'érable unilatéral», une «crème brûlée de loup-marin fumé», un «*shooter* de prunes et foie gras» ou encore une «croustade aux pommes et poireaux»! Vous en sortirez comblé.

Le lendemain, pédalez jusqu'à Rivière-du-Loup, ou revenez sur vos pas pour récupérer votre véhicule. Sachez qu'une petite initiative locale, Taxi Vélo, offre la possibilité de vous transporter, avec votre vélo, du point *A* au point *B*. Vu la linéarité du parcours, cette option peut s'avérer très pratique.

· · · · · · · · · · · · · · · · · · ·

Pensez-y

Apportez des vêtements de rechange en cas de pluie, ainsi qu'un bon imperméable.

Une collation serait tout indiquée, mais vous croiserez de nombreux points de service le long du sentier.

· · · · · · · · · · · · · · · · · · ·

*Les pieds **sur les pédales***

Les adresses

Parc linéaire interpro-vincial Petit Témis
418-868-1869 ou
800-563-5268
Edmundston (Nouveau-Brunswick): 506-739-1992

Auberge du Chemin Faisant
12 Vieux Chemin
Cabano
418-854-9342 ou
877-954-9342
www.cheminfaisant.qc.ca

Taxi Vélo
Cabano: 418-854-2630
Dégelis: 418-853-3707
Edmundston (Nouveau-Brunswick): 506-739-8480
Le tarif est au kilomètre.

Pour s'y rendre

À partir de Québec, prenez l'autoroute 20 Est jusqu'à Rivière-du-Loup, et suivez ensuite l'autoroute 85 Sud puis la route 185 jusqu'à la frontière avec le Nouveau-Brunswick.

de Montréal: 5h30

de Québec: 3h

Raquette, ski de fond, randonnée pédestre

2 🧍 $$$$!!

Les Appalaches en raquettes

Il est possible de se perdre en raquettes dans un des parcs les plus méconnus du Québec, le parc régional des Appalaches. Doublé d'un hébergement de grande classe et absolument sans faille, l'arrière-pays de la Côte-du-Sud vous attend.

Faire de la raquette est certainement l'un des moyens privilégiés des Québécois pour profiter de l'hiver et de ses paysages enneigés. Pour les amateurs de randonnée paisible, il existe un très grand nombre de sentiers en raison de l'immensité du parc, tellement étendu qu'on peut y effectuer une expédition de cinq jours! Pour les amateurs de sensations fortes, il est possible de gravir le mont Sugar Loaf à partir du village de Sainte-Lucie. Pour ce faire, il est important d'être en bonne condition physique et ne pas avoir peur de relever le défi.

Après une belle journée à marcher dans la poudreuse, allez vous faire plaisir à l'Appalaches Lodge. Laissez-vous couler tranquillement dans les bains extérieurs en pierre et réchauffez vos muscles dans le hammam ou le sauna sec.

Pour la nuit, l'Appalaches Lodge vous propose de magnifiques chalets de grand luxe en montagne comportant quatre ou cinq chambres chacun. Tout de bois vêtus, ces chalets sont très chaleureux et confortables, en plus d'être tout équipés afin que vous soyez complètement autonome.

Si vous le désirez, par contre, vous pourrez redescendre vers le bâtiment principal, pour aller passer la soirée dans la belle salle à manger avec toit cathédrale. Attablez-vous pour vous offrir une table d'hôte composée de gibier et de produits régionaux. L'Appalaches Lodge est en tous points un petit bijou perdu dans les montagnes. À découvrir.

*Les pieds **dans la neige***

Pensez-y

Apportez vos raquettes, mais si vous n'en avez pas, sachez que le parc en offre en location.

Les adresses

**Parc régional
des Appalaches**
105 rue Principale
Ste-Lucie-de-Beauregard
418-223-3423 ou
877-827-3423
www.parcappalaches.com

**Appalaches Lodge –
SPA et Villégiature**
1 ch. de la Coulée
St-Paul-de-Montminy
418-469-0100 ou
866-661-0106
www.appalachesspa.com

Pour s'y rendre

À partir de Québec, prenez l'autoroute 20 Est, puis la sortie pour la route 279 Sud, filez jusqu'à la route 216, que vous prendrez en direction est, et suivez les indications.

de Montréal: 4h

de Québec: 1h

Ski de fond, raquette

2 🏃 $$$$$!!!

À skis vers l'Hôtel de Glace

Filez sur des pistes de ski de fond tracées dont la qualité est reconnue depuis longtemps, et vivez une expérience de villégiature unique, ou presque, au monde!

À 45 km de Québec, au bord du plus grand lac de la région, le lac Saint-Joseph, la Station touristique Duchesnay permet de se familiariser avec la forêt laurentienne. Situé sur un territoire de 90 km², ce centre de recherche sur la faune et la flore de nos forêts fait partie des stations touristiques de la Sépaq. Reconnu depuis longtemps pour ses sentiers de ski de fond, il s'avère idéal pour une fin de semaine de plein air au grand froid. Vous y trouverez plus de 70 km de pistes très bien entretenues, et vous aurez la possibilité de faire halte pour la nuit dans un des refuges situés le long des sentiers. De très beaux pavillons proposent aussi le gîte et le couvert, de grande qualité, et un magnifique spa santé, le Tyst Trädgård, y a ouvert ses portes.

Mais après votre randonnée, quitte à prévoir votre séjour longtemps à l'avance, une époustouflante réalisation vous accueille à l'intérieur de la station: le célèbre Hôtel de Glace! Inspiré du modèle suédois original, l'hôtel de glace est le seul du genre en Amérique du Nord et figure sans contredit parmi les attractions incontournables du continent! Bien sûr, sa durée de vie est limitée (début janvier à fin mars), mais, chaque année, les bâtisseurs se remettent à la tâche pour ériger ce magnifique complexe à l'aide de plusieurs tonnes de glace et de neige. Et l'on ne se contente pas d'empiler des blocs de glace, on s'en sert aussi pour décorer! Le hall, par exemple, se voit surmonté d'un splendide lustre de glace. L'hôtel abrite une galerie d'art où les sculptures de neige et de glace rivalisent d'originalité, un petit cinéma, une chapelle et un bar où l'on sert de la vodka dans des verres de glace! Émerveillement garanti! Les forfaits sont souvent proposés en partenariat avec la station Duchesnay, vous permettant ainsi de dormir une nuit sur la glace, et une nuit au chaud!

Les pieds dans la neige

- -

Pensez-y

Est-il nécessaire de vous conseiller de vous habiller chaudement?

Votre appareil photo ne doit pas être laissé de côté pour une telle expérience.

Tentez de réserver votre séjour quelques mois à l'avance.

- -

Pour s'y rendre

À partir de Québec, prenez l'autoroute 40 Ouest puis la sortie pour Ste-Catherine-de-la-Jacques-Cartier, et suivez la route 367 Nord, aussi appelée route de Fossambault.

de Montréal: 2h30

de Québec: 30 min

Ski de fond, raquette

2 🏃 $$$ ‼

Le meilleur du ski de fond au Québec

En hiver, prendre la route 175 Nord qui traverse la réserve faunique des Laurentides est presque toujours garant de conditions routières difficiles car il y neige presque constamment. Eh bien, comme souvent le malheur des uns fait le bonheur des autres, heureux sont les fondeurs! Il tombe près de 8 m de neige dans la réserve: les conditions de glisse n'ont pas leurs pareilles au Québec, toutes régions confondues.

Niché au cœur de la réserve faunique des Laurentides, le Camp Mercier est sillonné par 120 km de sentiers parfaitement entretenus, et ce, dans un paysage des plus apaisants et terriblement neigeux. En raison de sa situation idéale, il est skiable de la fin de l'automne au début du printemps. Les possibilités de longues randonnées sont intéressantes grâce à toute une gamme de pistes tant pour les débutants que pour les experts, et les parcours sont jalonnés de relais chauffés. On peut même faire une boucle en passant par la Forêt Montmorency, où se trouve un des centres d'entraînement pour les athlètes olympiques pratiquant cette discipline sportive qu'est le ski de fond. C'est dire la qualité des pistes!

Pour la nuit, si vous optez pour un agréable parcours de deux jours, vous pouvez louer l'un des chalets qui peuvent loger de 2 à 14 personnes. Mais comme aucun service de restauration n'est offert, prévoyez faire des provisions: vous pourrez les faire acheminer par les gardes-parc, question d'alléger votre poids sur les sentiers!

La réserve faunique des Laurentides constitue un territoire de près de 8 000 km². Vaste étendue sauvage composée de forêts et de rivières, elle abrite une faune diversifiée comprenant des espèces comme l'ours noir et l'orignal. La chasse et la pêche (à la truite mouchetée) y sont possibles à certaines périodes de l'année. Durant la saison estivale, les canoteurs peuvent descendre les superbes rivières Métabetchouane et aux Écorces.

Pensez-y

Comme le lieu est très populaire auprès des amateurs de ski de fond, réservez votre chalet suffisamment à l'avance.

Apportez un jeu de cartes et une bouteille de vin rouge pour la soirée auprès du poêle.

*Les pieds **dans** la neige*

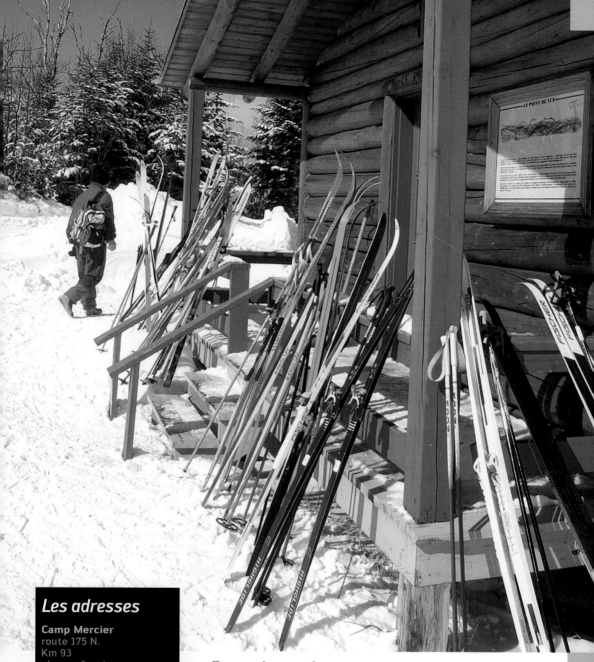

Les adresses

Camp Mercier
route 175 N.
Km 93
réserve faunique
des Laurentides
418-848-2422 ou
800-665-6527
www.sepaq.com

Pour s'y rendre

À partir de Québec, prenez l'autoroute 73 Nord puis la route 175 Nord jusqu'au kilomètre 93.

de Montréal: 3h30

de Québec: 1h

Ski de fond, raquette, ski hors-piste

2 🏃 $$$$ *!!!*

La Vallée des fantômes

Skiez dans un décor sauvage et terriblement neigeux. Arpentez en raquettes un territoire magnifique et montez jusqu'à la Vallée des fantômes, fierté régionale, dont le spectacle hivernal est saisissant.

Le parc national des Monts-Valin offre un havre de bonheur aux amateurs de ski de fond et de raquette. Les fantômes occupent la vallée à 800 m d'altitude, et les arbres sont si bien protégés des vents que la poudrerie, qui vient des crêtes toutes proches, provoque des amoncellements considérables de neige pouvant atteindre 3 m. Les conifères s'habillent alors d'une couche de neige qui les camoufle totalement: ce sont les fantômes. Le spectacle est féerique. Prenez la navette *Le Fantôme Express*, qui mène au pied des sommets, accessibles après 3 km de marche, de ski ou de raquette. Poursuivez votre journée sur les magnifiques pistes de ski tracées mécaniquement, et retournez tranquillement au centre d'accueil du parc pour la suite du séjour, qui se passe non loin de là, en bordure du Saguenay.

Sur un promontoire qui domine le fjord, la Pourvoirie Cap au Leste dispose d'un admirable site, unique au Québec, et propose, avec ses forfaits, une foule d'activités de plein air dans les environs. L'hébergement est assuré par une trentaine de chambres dispersées dans cinq grands chalets en bois de grand confort, et qui offrent toutes une vue à couper le souffle. De petites allées entre les chalets, éclairées à intervalles réguliers, permettent de parcourir les lieux la nuit tombée. Charmant. La restauration est typique et régionale, sous forme de table d'hôte, tout en finesse côté gastronomie.

Le terme de «pourvoirie» peut porter à confusion ici, car aucune pêche ni chasse ne s'y pratique. Il s'agit de profiter de la grande nature environnante, sans la dégrader d'aucune façon.

Le parc national des Monts-Valin, avec ses hauts sommets, offre une foule d'activités quatre-saisons. En hiver, l'accumulation de neige peut atteindre 5 m. Ce territoire sauvage et spectaculaire qui domine la région devient alors un haut lieu du ski hors-piste, du ski de fond, de la raquette et de l'escalade de glace.

Pensez-y

Habillez-vous chaudement! Les températures peuvent descendre très rapidement dans ce secteur.

Prévoyez une collation à apporter sur les pistes, ainsi que de l'eau.

N'oubliez pas votre appareil photo.

Les pieds dans la neige

Les adresses

**Parc national
des Monts-Valin**
(accessible par la route
172, à 27 km de Chicoutimi
et à 17 km de St-Fulgence)
360 rang St-Louis
St-Fulgence
418-674-1200 ou
800-665-6527
www.sepaq.com

Pourvoirie Cap au Leste
551 ch. du Cap à l'Est
Ste-Rose-du-Nord
418-675-2000 ou
866-675-2007
www.capauleste.com

Pour s'y rendre

À partir de Québec, prenez l'autoroute 73 Nord puis la route 175 jusqu'à Saguenay. Traversez le pont qui mène sur la rive nord du fjord et prenez à droite la route 172, que vous suivrez jusqu'à Ste-Rose-du-Nord.

de Montréal: 5h30

de Québec: 3h

Motoneige

1 $$$$!!!

En motoneige sur l'Harricana

Les immenses plaines et forêts de l'Abitibi-Témiscamingue vous attendent afin de vous faire vivre de belles sensations sur les sentiers enneigés.

L'Auberge Harricana offre 25 motoneiges en location, à la journée ou en forfait variant de trois à cinq jours. Si vous êtes de passage dans la région pour deux jours, passez la nuit à l'auberge, puis levez-vous de bon matin pour partir sur les pistes pour la journée: découvrez le Nord!

À votre retour à l'auberge pour la seconde nuitée, pénétrez dans la gigantesque structure de bois rond qui contient 26 chambres: tout simplement magnifique! Seule auberge située sur le bord de l'eau à Val-d'Or, elle profite d'un emplacement retiré tout en demeurant à proximité du centre-ville. Splendide et hautement abordable compte tenu de la qualité du service, du confort et de l'environnement. Une bonne table très satisfaisante est aussi proposée aux vacanciers, y compris un excellent brunch le dimanche.

Pensez-y

Tout l'équipement est fourni, y compris les vêtements d'extérieur de type «grand froid».

Les adresses

Auberge Harricana
1 ch. des Scouts
Val-d'Or
819-825-4414
www.aubergeharricana.ca

Pour s'y rendre

À partir de Montréal, prenez l'autoroute 15 Nord puis la route 117 et traversez la réserve faunique de La Vérendrye jusqu'en Abitibi-Témiscamingue. La première ville d'importance que vous croiserez est Val-d'Or.

de Montréal: 7h

de Québec: 9h30

Les pieds dans la neige

Grandes équipées

Ce sont des séjours de trois jours ou plus. Ici les activités demandent plus de préparation et, par conséquent, de plus importants investissements ainsi qu'une plus grande implication personnelle. Elles sont
aussi plus éloignées géographiquement des grands centres, et leur niveau d'accessibilité général est
plus restreint. Ces activités revêtent un caractère unique en ce sens qu'elles représentent souvent un
rêve caressé de longue date. On peut aisément penser à la visite d'un parc ou d'une réserve du Grand
Nord québécois, la descente d'une rivière s'échelonnant sur une dizaine de jours, etc.

Randonnée pédestre

3 $$ *!!!*

Du cap Tourmente au Massif

Tout de suite après la Côte-de-Beaupré, dans la région de Québec, commencent «les Caps», une formation géologique élevée qui a ceci de particulier qu'elle plonge directement dans le fleuve 800 m plus bas. Parcourez cette crête montagneuse à pied pendant quatre jours, pour le plaisir des sens, tout simplement!

La très belle région de Charlevoix attire les randonneurs avec son magnifique sentier des Caps. De Saint-Tite-des-Caps à Petite-Rivière-Saint-François, le sentier couvre 51 km sur des sommets de 500 m à 800 m d'altitude. Des refuges et des emplacements de camping parsèment le parcours et permettent de prendre le temps qu'on veut pour y déambuler. Il est à noter que ses dénivelés importants conviennent surtout aux marcheurs aguerris. Les vues qui s'ouvrent sur le fleuve tout au long du tracé, et particulièrement depuis les belvédères aménagés, sont littéralement époustouflantes.

La réserve nationale de faune du Cap-Tourmente est un lieu pastoral et fertile dont les battures sont fréquentées chaque année par des nuées d'oies blanches (également connues sous le nom de «grandes oies des neiges»). Les oies s'y arrêtent pendant quelque temps, en automne et au printemps, afin de reprendre les forces nécessaires pour continuer leur voyage migratoire. La réserve dispose d'installations qui permettent de les observer. Au moins 250 autres espèces d'oiseaux et 45 espèces de mammifères y vivent.

Un beau parcours est celui qui débute dans la réserve nationale de faune du Cap-Tourmente, et qui se termine, quatre jours plus tard, au sommet du Massif de Petite-Rivière-Saint-François. Les trois nuitées se passent en refuge rustique, et l'organisme qui gère le sentier s'occupe de transporter votre véhicule du point de départ au point d'arrivée. Plus précisément, au

Pensez-y

Portez de bonnes bottes de randonnée, suffisamment rigides pour supporter votre poids et celui de votre sac.

Préconisez la technique multicouche dans le choix de vos vêtements de plein air.

Prévoyez suffisamment de nourriture pour les quatre jours de randonnée. Allez dans une boutique de plein air pour faire provision de sachets de nourriture lyophilisée et de tablettes de traitement de l'eau. Pensez à des barres de céréales, à des fruits secs et à du chocolat.

N'oubliez pas votre appareil photo.

Réservez à l'avance les refuges et le transport de votre véhicule.

Les pieds sur terre

premier jour, on part de la réserve nationale de faune du Cap-Tourmente, pour terminer la journée 7,4 km plus loin, au refuge de La Faille. Le deuxième jour, on parcourt 8,6 km jusqu'au refuge du Cap Gribane. Le troisième jour est le plus ardu, avec 13,7 km à franchir jusqu'au refuge du Cap du Salut. La dernière et quatrième journée mène au sommet du Massif de Petite-Rivière-Saint-François en 9,3 km, pour un total de 40 km. Une agréable promenade!

Question de se récompenser après quatre jours de marche et quelques sommets plus tard, on descend à l'Auberge La Courtepointe, située tout près du Massif. L'aménagement général est très accueillant et sympathique. La table est bonne et le petit déjeuner particulièrement délicieux. Une belle collection de tableaux et la magnifique vue du fleuve agrémentent le lieu, ce qui termine en confort une excursion sur un des plus beaux sentiers de randonnée pédestre au Québec.

Pour s'y rendre

À partir de Québec, prenez la route 138 Est. Suivez les indications pour Ste-Anne-de-Beaupré et continuez jusqu'à St-Tite-des-Caps. L'accueil se trouve sur votre gauche, à l'angle de la rue Leclerc et de la route 138.

de Montréal: 3h30

de Québec: 1h

Randonnée pédestre, observation de la nature

3 $$ *!!!*

Parcourez le fjord et ses splendides paysages

Assurément l'une des randonnées les plus impressionnantes du Québec, le sentier du Fjord offre aux amoureux de la marche en forêt une expérience plein air à faire obligatoirement une fois dans leur vie.

Tadoussac est le point d'arrivée du sentier du Fjord, d'une beauté prenante. D'une longueur de 45 km et de difficulté intermédiaire à difficile, le sentier débute près de la baie Sainte-Marguerite. Il est possible d'effectuer le sentier en sens inverse, mais la difficulté est plus grande, à cause de la dénivellation plus importante. Ce sentier spectaculaire offre une vue presque constante sur l'embouchure du Saguenay, les falaises, les caps et le fleuve.

Le parcours suggéré par la Sépaq est de quatre jours et trois nuits. En appelant pour réserver ou en vous rendant directement au bureau d'accueil, il vous sera possible d'organiser une navette qui viendra vous déposer au début du sentier, et vous récupérerez votre véhicule au point d'arrivée, à Tadoussac. C'est également au bureau d'accueil que vous pourrez réserver les refuges pour les nuits à venir.

Le parc national du Saguenay s'étend sur la rive gauche de la rivière Saguenay, de Tadoussac jusqu'en face de la baie des Ha! Ha!, et sur la rive droite à l'endroit où se trouve le secteur Baie-Éternité, dans la région du Saguenay–Lac-Saint-Jean. Les sentiers du parc permettent de découvrir la végétation recouvrant d'abruptes falaises. D'ailleurs, sur les falaises, il est intéressant de constater la présence d'une végétation rabougrie de type toundra.

Pensez-y

Portez de bonnes bottes de randonnée, suffisamment rigides pour supporter votre poids et celui de votre sac.

Ne portez pas de vêtements trop lourds. Utilisez plutôt la technique multicouche dans le choix de vos vêtements de plein air.

Prévoyez suffisamment de nourriture pour les quatre jours de randonnée. Allez dans une boutique de plein air pour faire provision de sachets de nourriture lyophilisée et de tablettes de traitement de l'eau. Pensez à des barres de céréales, à des fruits secs et à du chocolat.

N'oubliez pas votre appareil photo.

Réservez à l'avance les emplacements de camping et les refuges.

Les pieds sur terre

Les adresses

**Parc national
du Saguenay**

secteur Baie-du-Moulin-
à-Baude
750 ch. Moulin-à-Baude
Tadoussac

secteur Baie-Sainte-
Marguerite
1121 route 172 N.
Sacré-Coeur
418-235-4238 ou
800-665-6527
www.sepaq.com

Réservations pour
des emplacements
de camping et des refuges
877-272-5229

Hôtel Tadoussac
165 rue du Bord-de-l'Eau
Tadoussac
418-235-4421 ou
800-561-0718
www.hoteltadoussac.com

Le sentier a été conçu pour offrir un refuge tous les 10 km environ. Il convient par contre de réserver en haute saison, en raison de la popularité de cette longue randonnée. Si vous décidez de partir complètement auto-nome, vous pourrez utiliser les plateformes de camping disséminées sur le parcours. Il convient de réserver les plateformes aussi.

Au retour, un peu de confort ne sera pas de refus. Face au fleuve et situé dans un long bâtiment blanc évoquant vaguement un manoir de la fin du XIXe siècle, l'Hôtel Tadoussac se distingue aisément par son toit rouge vif.. Une verrière jouxte la salle à manger où un menu gastronomique est proposé.

Pour s'y rendre

À partir de Québec, prenez la route 138, puis traversez la rivière Saguenay en bateau: vous êtes rendu à Tadoussac.

de Montréal: 5h30

de Québec: 3h

Randonnée pédestre, kayak de mer, observation de la nature

3 🏃 $$$$$ *!!!*

Séjour à l'île d'Anticosti

Parcourez pendant de longues heures des sentiers envahis de végétation, contemplez un spectacle naturel époustouflant, goûtez aux saveurs locales et dormez dans un établissement au confort sans compromis.

Le parc national d'Anticosti offre plusieurs kilomètres de sentiers de randonnée au sein d'un havre de verdure qui se prête bien à la marche. La chute et le canyon de la Vauréal sont parmi les sites naturels les plus impressionnants de l'île d'Anticosti et du Québec. La chute, qui se jette dans le canyon du haut d'une paroi de 70 m, offre un spectacle saisissant. La randonnée de la Vallée, longue de 24 km, est difficile, mais la féerie de la chute vaut certainement le déplacement et l'effort. Un réseau de sentiers pédestres presque sans fin saura vous tenir occupé, tout en vous assurant un retour à l'auberge le soir venu, pour un repas bien mitonné. Si vous le voulez, les cuisiniers des trois auberges d'Anticosti vous prépareront un goûter pour la journée.

L'île appartient au gouvernement du Québec depuis 1974, mais la randonnée pédestre récréative n'y est pratiquée que depuis 1986. Réputée pour ses cerfs de Virginie, elle offre également des panoramas à couper le souffle. En effet, plages immenses, chutes, grottes, falaises et rivières composent son magnifique décor.

Pensez-y

Les séjours en auberge comprennent tout ce dont vous pourriez avoir besoin, incluant le transport en avion de Mont-Joli jusqu'à l'île d'Anticosti.

Apportez vos effets personnels et des vêtements pour toutes les conditions météo.

N'oubliez pas votre appareil photo.

Les boissons alcoolisées sont en vente à Port-Menier. Partout, sauf à l'Auberge Port-Menier, vous pourrez apporter votre vin.

Les pieds sur terre

Ce sont des pêcheurs basques de passage qui l'ont baptisée «Anti Costa» en 1542, ce qui signifie en quelque sorte «anti-côte» ou bien: «Non! Après tout ce chemin parcouru à travers l'Atlantique, ce n'est pas encore la terre ferme!»

L'Auberge Port-Menier est une institution de longue date dans l'île. Dans un décor sommaire, elle propose des chambres très propres. Plusieurs circuits de visites guidées sont organisés à partir de l'auberge. On y fait aussi la location de vélos. Deux autres auberges sont accessibles dans l'île. Les forfaits ont tous une durée de sept jours, y compris une option «Nord-Sud» (pour découvrir l'île en séjournant trois jours du côté nord de l'île et quatre jours du côté sud ou vice-versa). Tous les forfaits en auberge incluent les repas, préparés de manière à ce que vous vous souveniez de votre séjour. Poissons, gibiers et cuisine du terroir sont à l'honneur.

Le parc national d'Anticosti a été créé au centre de l'île pour en protéger les plus beaux sites, entre autres le canyon de la Vauréal, la grotte à la Patate, la baie de la Tour, le canyon de la rivière Observation, la rivière à saumons Jupiter et la rivière Chicotte.

Les adresses

Sépaq Anticosti
418-890-0863 ou
800-463-0863
Port-Menier:
418-535-0156
www.sepaq.com

Pour s'y rendre

À partir de Québec, prenez l'autoroute 20 Est puis la route 132 jusqu'à Mont-Joli. De là, un avion vous transportera jusqu'à l'aéroport de Port-Menier.

de Montréal: 7h

de Québec: 4h

Randonnée pédestre, observation de la nature, ski de haute route

2 – **3** $$$$ *!!!*

Chic-Chocs
et villégiature

Partez à l'aventure dans l'immense territoire de la réserve faunique de Matane, à pied ou à skis, et laissez-vous saisir par le charme et le confort d'un établissement hôtelier unique au Québec: une auberge de montagne quatre-étoiles, à 700 m d'altitude!

Devenue rapidement un incontournable dans la région, l'Auberge de montagne des Chic-Chocs se trouve au cœur d'une nature sauvage. Inaugurée en 2006, l'auberge accueille les visiteurs venus profiter des activités de plein air offertes dans la réserve faunique. Misant sur l'intimité, elle compte seulement 18 chambres ainsi qu'un salon commun avec foyer, un sauna, un bain à remous extérieur et une salle à manger. L'établissement met à la disposition de la clientèle une équipe de guides qui ont le mandat d'encadrer les activités et de faire découvrir aux participants le magnifique territoire de la réserve.

Les pieds sur terre

Vous pouvez vous y rendre pour deux jours, mais le séjour du vendredi au lundi semble être une meilleure valeur pour décrocher totalement, le temps de vivre la (très) grande nature environnante.

Le départ se fait au bureau d'accueil de l'auberge, à Cap-Chat, où se trouve aussi l'entreprise Valmont Plein Air. Lorsque vous aurez effectué votre réservation, la Sépaq vous donnera un rendez-vous, qu'il ne faudra pas manquer car le lieu est inaccessible par vos propres moyens! En effet, l'été, un véhicule tout-terrain emmène les vacanciers à l'auberge, en 1h30, et l'hiver, une autoneige fait le même parcours en 2h: c'est une étape agréable, car elle ajoute à l'aspect reculé du lieu, et l'on a ainsi le temps de se préparer mentalement.

Une cloche sonne l'arrivée des nouveaux clients, et les sympathiques employés que vous côtoierez pendant quelques jours se présentent à vous. On vous explique alors sommairement le fonctionnement de l'auberge et on vous mène à votre chambre, très confortable, soit dit en passant.

Et c'est maintenant que l'aventure commence! En été et en automne, il convient de reconnaître que la seule activité à laquelle on peut s'adonner est la randonnée pédestre. Mais quel cadre pour la pratiquer! On y propose bien quelque 100 km de sentiers de vélo de montagne, mais découvrez plutôt les environs à pied: c'est tout simplement merveilleux! Sans compter les orignaux rencontrés en chemin, que vous n'auriez pas le temps d'apercevoir à vélo. La réserve faunique de Matane compte la plus grande densité de ces animaux au Québec: quatre au kilomètre carré!

Une foule de randonnées s'offrent à vous, de facile à très difficile, et les excursions guidées du lendemain sont généralement présentées la veille par le personnel après le repas du soir. Comme les sentiers sont très peu fréquentés, ils ne sont pas bien balisés. Certains sont faciles, et il est possible de partir seul ou en petit groupe sans guide avec un radio-émetteur, mais d'autres nécessitent la présence d'un éclaireur averti.

Pensez-y

Apportez de bonnes bottes de marche, et surtout n'en profitez pas pour former à vos pieds de nouvelles bottes! L'inconfort qui en résultera rendra vos randonnées moins plaisantes.

N'oubliez surtout pas votre appareil photo.

La randonnée du mont Matawee est considérée comme la plus ardue, et il n'est pas conseillé de la choisir dès la première journée, mais ne ratez pas la chance de gravir un sommet de 1 150 m! La vue et l'impression d'être complètement coupé du monde valent certainement le déplacement et l'effort. L'excursion dure toute la journée et s'étale sur 20 km, il est donc possible que vous vous sentiez fatigué au retour. Mais bien confortablement assis sur le balcon de l'auberge, dans le salon auprès du feu ou dans le bain à remous à reposer vos membres endoloris, vous pourrez contempler le sommet que vous venez d'atteindre, et il est à jurer que vous ne le croirez pas vous-même!

L'activité proposée ici se déroule en été ou en automne, mais n'hésitez surtout pas à vous y rendre en plein hiver. En moyenne, il tombe près de 9 m de neige sur la réserve faunique de Matane! Par conséquent, les superlatifs manquent afin de qualifier les hallucinantes conditions de ski hors-piste.

Pensez-y

Apportez des vêtements appropriés à la montagne: manteau imper, chandail polaire et pantalon de nylon. Même en été, les températures peuvent être fraîches.

Tout le reste est fourni! Vous n'aurez qu'à payer vos consommations alcoolisées à la fin de votre séjour, et à laisser un petit pourboire au personnel.

Si vous avez oublié quoi que ce soit, une petite boutique d'équipement et de vêtements de plein air se trouve sur place.

La table de l'Auberge de montagne des Chic-Chocs est composée de mets simples, raffinés et en accord avec les lieux, c'est-à-dire santé! Les produits régionaux, comme le poisson, le canard, le caribou, l'orignal et le cerf de Virginie, sont généralement mis à l'honneur. Il est aussi possible de demander un sac-repas pour votre journée en forêt. La salle à manger est organisée pour que les convives mangent tous à la même grande table champêtre. C'est très sympathique, et vous y nouerez assurément de beaux liens d'amitié. La nuit venue, le silence vous envahira au début, mais on devient rapidement habitué, jusqu'à ne plus vouloir partir!

Les adresses

Auberge de montagne des Chic-Chocs
800-665-3091 (pour réservation)
www.sepaq.com/chc/fr

Pour s'y rendre

À partir de Québec, prenez l'autoroute 20 Est puis la route 132 jusqu'à Cap-Chat, où le bureau d'accueil se trouve.

de Montréal: 7h30

de Québec: 5h

Randonnée pédestre, observation de la nature
3 $$$$$!!!!

Vers le cratère du Nouveau-Québec

Le Grand Nord québécois: la contrée sauvage et éloignée des Inuits. Faites-en l'expérience et explorez les environs du parc national des Pingualuit, et vivez le jour ou la nuit sans fin, les aurores boréales et l'infinie toundra.

L'attrait naturel et touristique par excellence du Nunavik est sans contredit le cratère du Nouveau-Québec, que les Inuits appellent «Pingualuit», désormais protégé par la création de l'immense (1 133 km^2) parc national des Pingualuit, le seul parc national du Nunavik. Située à 90 km du village de Kangiqsujuaq, cette gigantesque fosse est impressionnante avec ses 3,4 km de diamètre et ses 446 m de profondeur.

Découvert par un certain Chubb, un aviateur intrigué par sa parfaite rondeur, le cratère aurait été formé par la chute d'une énorme météorite il y a 1,4 million d'années. Aucune rivière ne s'y déversant, une équipe de chercheurs de l'Université de Montréal a résolu le mystère de son alimentation en eau en découvrant une source souterraine dans ses profondeurs.

Accessible par avion depuis Kuujjuaq, Kangiqsujuaq est le village le plus proche du parc et en est la base d'opération. Un sentier pédestre de près de 100 km rejoint le parc et le village, et des refuges chauffés et entretenus sont proposés tous les 30 km environ. Pour ceux qui désirent se rendre au site du cratère directement, une piste d'atterrissage a été aménagée près du lac Laflamme, à côté du cratère, où une auberge, qui propose l'hébergement en pension complète, peut servir de pied-à-terre pour explorer les environs pendant quelques jours.

Des vols de Montréal ou de Québec jusqu'à Kuujjuaq sont possibles grâce à Air Inuit ou First Air. Le prix en est par contre généralement élevé.

Pensez-y

Il est utile de préciser à ceux qui désirent marcher jusqu'au cratère que la liste d'équipement à apporter avec soi est longue. Le site Internet du parc comporte une section avec des suggestions de matériel à emporter.

Si vous optez pour un séjour au lac Laflamme, apportez tout de même des vêtements très techniques, pour toutes les conditions météo. Même en juillet, il peut faire jusqu'à −10°C la nuit.

Le meilleur temps de l'année pour visiter le parc est le mois d'août et le mois de septembre.

Vous allez vous morfondre éternellement (vos connaissances aussi!) si vous n'apportez pas votre appareil photo!

*Les pieds **sur terre***

Chasse, observation de la nature

🔲 $$$$$ *!!!*

Le Grand Nord et ses caribous

Ultime terrain de chasse au Québec, le Grand Nord est pourvu de troupeaux de caribous de près de 700 000 têtes. Soyez à l'affût du moindre mouvement dans la toundra, c'est peut-être là votre proie!

Pensez-y

Le forfait comprend presque tout, sauf le sac de couchage et, bien entendu, vos effets personnels et votre équipement de chasse (carabine, arc, couteau).

N'oubliez pas votre appareil photo et vos jumelles!

Certaines pourvoiries au Québec proposent des séjours qui sortent totalement de l'ordinaire. Safari Nordik en fait partie. Avec ses quelque 35 camps plantés sur le territoire autour de Kuujjuaq, dans le Grand Nord québécois, Safari Nordik constitue l'une des offres touristiques les plus exotiques au Québec. Si vous vous y rendez à la fin de l'été ou au début de l'automne, vous serez assuré de revenir avec des souvenirs nordiques plein la tête et un réfrigérateur bien rempli!

Le forfait Platine de Safari Nordik s'étend sur 10 jours, avec une nuitée à Montréal, le transport par avion jusqu'à Kuujjuaq, le camp de chasse, la nourriture préparée par un cuisinier au camp, le guide, la préparation du gibier, les véhicules ou le bateau, et le retour, avec le fruit de votre chasse.

En raison de la menace qui pèse sur ces troupeaux fluctuant sans cesse, seuls les mâles adultes peuvent faire l'objet de la chasse. Mais comme le cheptel est en croissance, l'entreprise vous garantit le remboursement intégral de votre séjour si vous n'avez rencontré aucun mâle adulte, ce qui n'est pas peu promettre.

Les adresses

Safari Nordik
639 boul. Labelle
Blainville
450-971-1800 ou
800-361-3748
www.safarinordik.com

Les pieds sur terre

Randonnée pédestre, kayak de mer, observation de la nature

2 ♟ $$$$$!!!

Randonnée aux monts Laurier: le luxe nordique

Vivez la nature nordique au gré du confort luxueux de refuges écologiques situés en pleine forêt, mais aussi au gré des randonnées infinies qu'offre le Nord québécois.

De leurs 480 m, les monts Laurier exercent un attrait considérable pour tout amateur de randonnée pédestre. Non pas qu'ils soient bien hauts, mais parce que tout le reste est plat! Ces montagnes de basalte, qui comptent parmi les plus anciens volcans de la planète, sont maintenant recouvertes d'un épais manteau de verdure, sauf leur sommet, dénudé et gris. Sur les monts, la vue imprenable du majestueux lac Matagami n'est surpassée que par le regard portant sur l'horizon, infini. Des sentiers totalisant près de 30 km sont disponibles à partir de l'ÉCOlodge Matagami.

L'ÉCOlodge Matagami est situé au cœur d'une zone touristique près de ces montagnes nordiques. Le lieu est exploité de manière écologique, utilisant l'énergie solaire et éolienne comme source d'alimentation, et a été construit selon les sept principes «Sans Trace», sur pilotis, en minimisant l'impact sur la nature.

Pensez-y

N'apportez que vos effets personnels, et de bonnes bottes de randonnée!

N'oubliez pas votre appareil photo!

Apportez des vêtements pour toutes les conditions atmosphériques.

Les pieds sur terre

L'établissement est très chaleureux, avec ses couettes de duvet, sa cuisine conviviale et son intérieur tout en cèdre et en pin, aux lignes épurées. On y propose même un bain à remous extérieur, pour reposer vos membres fatigués après de longues randonnées. La soirée s'annonce toujours bien agréable, avec un menu de cuisine créative et très satisfaisante.

Les forfaits proposés par l'ÉCOlodge Matagami fluctuent de trois à sept jours, et comprennent tout l'équipement dont vous pourriez avoir besoin pour vos activités, l'hébergement et la table, ainsi qu'un encadrement professionnel qui vous permet de bien choisir les activités qui vous conviennent. En plus de la randonnée pédestre, on peut y pratiquer la descente de rivière en bateau pneumatique, le kayak de mer et le canot, ainsi que le vélo de montagne.

Les adresses

ÉCOlodge et Matagami DMO
100 place du Commerce
Matagami
819-739-4566
www.matagami.com

Pour s'y rendre

À partir de Montréal, prenez l'autoroute 15 Nord puis la route 117, traversez l'Abitibi-Témiscamingue jusqu'à la route de la Baie-James, que vous suivrez jusqu'à Matagami.

de Montréal: 9h

de Québec: 12h

Canot-camping, randonnée pédestre

3 $$$$$ *!!!*

En canot sur la Papineau

Filez à la surface de lacs purs et profonds, pagayez dans de courts mais intenses rapides, explorez en canot une contrée dense et sauvage, et plantez votre tente le soir venu sous de grands pins, en laissant les flammes du feu de camp vous préparer au sommeil du juste.

Un séjour en canot-camping dans la réserve faunique de Papineau-Labelle, avec les Expéditions Tuckamor, s'étend habituellement sur trois ou quatre jours. Vous ferez plus ou moins 16 km par jour, mais la distance parcourue dépendra du groupe, de la condition physique de chacun et du choix des participants. Il est tout à fait possible d'y aller plus doucement, si vous avez envie de vous laisser choir sur une rive durant une belle journée ensoleillée et de profiter du moment! Plonger d'une falaise dans un lac calme et profond, nager dans son eau chauffée par le soleil de juillet, dormir sur des emplacements de camping ombragés, observer les oiseaux et la faune aux alentours, et terminer la journée autour d'un feu de camp avec un petit verre de vin rouge?

Située à la fois dans la région des Laurentides et dans l'Outaouais, la réserve faunique de Papineau-Labelle s'étend sur plus de 1 600 km². On peut y apercevoir une multitude d'animaux à fourrure et d'oiseaux de tous types, ainsi que des cervidés à travers une forêt boréale qui semble parfois quasi infinie.

Par les méandres des différents cours d'eau que vous croiserez, il est possible à l'occasion de tomber sur de petits rapides, et votre guide vous permettra de choisir de les affronter ou de portager votre canot sur les berges. Mais il vous donnera tout de même de précieux conseils sur la manière de faire du canot, que ce soit en eau calme ou agitée.

Pensez-y

Tuckamor fournit les canots, les pagaies, les tentes, le guide et les droits d'entrée et d'utilisation du territoire et des campings, mais vous devez apporter vos effets personnels, vos vêtements, votre sac de couchage et votre matelas de sol.

Un appareil photo est tout à fait indispensable.

Un bouquin, un jeu de cartes et une bonne bouteille de vin sont des éléments à considérer!

Les pieds dans l'eau

Les adresses

**Réserve faunique
de Papineau-Labelle**
443 route 309
Val-des-Bois
819-428-7510 ou
819-454-2011
www.sepaq.com

Expéditions Tuckamor
72 2ᵉ Avenue
Ottawa
et 7123 route
du Lac Noir
Ste-Agathe-des-Monts
819-326-3602
www.tuckamor.ca

C'est aussi votre guide qui, le soir venu, se transformera en cuisinier pour vous préparer un repas gastronomique, par exemple un filet mignon grillé, avec pommes de terre braisées aux fines herbes, sauce béarnaise et salade d'épinards frais. On a vu moins alléchant dans de bonnes tables. Il est aussi possible de demander un menu spécial, pour les végétariens ou les personnes allergiques à certains aliments.

Les parcours canotables du secteur, utilisés par les Expéditions Tuckamor, sont principalement des circuits de lacs reliés entre eux par de nombreux portages (environ 35) d'une longueur approximative variant entre 100 m et 650 m. Quelques portages ont une longueur de 1 km et plus. Les circuits varient de 14,5 km à 44 km et ont tous comme point de départ et d'arrivée le lac des Sept-Frères.

Pour s'y rendre

À partir de Montréal, on accède à la réserve faunique de Papineau-Labelle par l'autoroute 15 Nord puis par la route 117 jusqu'à La Minerve, où se trouve le centre d'accueil La Minerve.

de Montréal: 3h

de Québec: 5h30

Descente de rivière

3 $$$$$!!!!

Parcourez la rivière Mistassibi

Naviguez sur une des dernières grandes rivières sauvages du Québec, et observez au passage un orignal, un ours ou un loup. Passez à travers des rapides d'une force considérable, avant de vous installer pour la soirée près du feu et pour la nuitée sous la tente.

L'entreprise Aventuraid propose des séjours de grande aventure dans le Québec nordique, entre autres un périple de neuf jours sur la rivière Mistassibi. Neuf jours suffisent généralement, surtout dans un contexte de «déconnexion» du monde extérieur, pour oublier le moindre des soucis qui taraudent l'esprit.

Au début, on passe deux jours en camp fixe à la base d'Aventuraid, pour s'initier au maniement du canot à travers différents parcours et se préparer à sept jours itinérants lors de la descente de la rivière.

Les pieds dans l'eau

Pensez-y

Le séjour comprend tout: l'hébergement à la base d'opération, tous les repas, le transport terrestre de Québec si nécessaire, le canot tout équipé, le matériel de campement, le guide et les taxes.

Vous n'aurez qu'à emporter vos effets personnels, vêtements, sac de couchage et, bien entendu, votre appareil photo!

Les adresses

Aventuraid
2395 rang de la Pointe
Girardville
418-258-3529
www.aventuraid.qc.ca

En pleine forêt boréale, au nord du lac Saint-Jean, la rivière Mistassibi offre un parcours très varié. Dans sa première section, elle coule dans des méandres bordés de falaises d'où dégringolent de superbes cascades. Après le lac au Foin, cette majestueuse étendue d'eau tout en longueur et très encaissée, la rivière accélère son cours et présente de nombreux rapides qui sont autant d'occasions de jouer dans l'eau.

Le parcours, de plus d'une centaine de kilomètres au fil de l'eau, débute au nord du 50e parallèle. Cette activité nature fait découvrir la vie des coureurs des bois au quotidien: il faut installer le campement sur une plage ou en pleine forêt, aller chercher du bois pour le feu et de l'eau à la rivière, et la pêche (brochet, doré, truite....) est l'occasion d'améliorer l'ordinaire.

Pour s'y rendre

À partir de Québec, prenez l'autoroute 73 Nord puis la route 175 jusqu'à la route 169, que vous suivrez jusqu'à Alma et qui ensuite fait le tour du lac Saint-Jean pour vous mener à Albanel. De là, prenez le 5e Rang jusqu'à Girardville.

de Montréal: 7h

de Québec: 4h

Kayak de mer, observation de la nature, camping

3 $$$$ *!!!*

Aventure en mer dans l'archipel de Mingan

Découvrez en kayak de mer la réserve de parc national de l'Archipel-de-Mingan, qui recèle de formidables richesses naturelles. Groupe d'îles et d'îlots s'étendant sur 152 km, sa particularité fascinante vient des falaises et autres formations rocheuses impressionnantes composées de calcaire qui ont été façonnées par les vagues et le temps.

La petite entreprise nord-côtière Odyssée Minganie propose une foule de forfaits de un à cinq jours en kayak dans l'archipel de Mingan, afin d'en explorer certaines des merveilles géologiques. Selon les capacités du pagayeur, les guides suggéreront des séjours plus ou moins longs, et détermineront si le kayakiste est apte à être seul dans son embarcation ou en tandem. Il est utile de préciser qu'à cet endroit, le golfe du Saint-Laurent se confond avec la mer, ce qui peut rendre les conditions météorologiques très hasardeuses. En effet, lorsque les vents se mettent de la partie, il faut être prêt à vraiment pagayer! Mais quelle récompense que de mettre les pieds sur ces îles au large, sauvages, mystérieuses et inhabités. Encore mieux, par surcroît, est d'y passer la nuit, réchauffé par un feu de camp tout en dégustant une brochette de pétoncles frais, grillée sur la braise... Vous vivrez un contact direct avec la faune et la flore locales, sans compromis: une splendide expérience.

En effet, lorsqu'on choisit un forfait comprenant le camping et les repas dans les îles, la qualité et le raffinement des mets sont dignes d'une table de haute gastronomie. D'ailleurs, le forfait gastronomique de deux jours est une valeur sûre, avec un séjour dans la magnifique île Nue et dans l'île aux Perroquets. Les départs se font tôt le matin au Camping de la Minganie, à Longue-Pointe-de-Mingan. Il serait donc tout à fait à propos d'y dormir, sur un des emplacements situés directement en bord de mer.

Pensez-y

Votre véhicule doit être en bonne condition pour affronter les côtes et les courbes de la route 138.

Une bouteille de vin (dont vous rapporterez la dépouille) pour égayer la soirée près du feu de camp sur l'île.

Un appareil photo à l'épreuve des éclaboussures.

N'apportez aucun équipement technique ni nourriture: tout est fourni par Odyssée Minganie.

Tentez de réserver au moins deux semaines à l'avance.

Le meilleur moment pour faire cette excursion est de la fin juin à la fin août.

Pensez au froid: l'eau du golfe, même en été, est à 4°C, et les nuits sont très fraîches.

Les pieds dans l'eau

Faune et flore

Dans les îles, entre la mi-avril et la mi-août, quelque 35 000 couples d'oiseaux marins répartis en 12 espèces différentes peuvent être observés. Parmi ces espèces, mentionnons le joli macareux moine, le fou de Bassan et la sterne arctique. Dans le fleuve, il faut noter la présence de baleines telles que le petit rorqual et le rorqual bleu, sans oublier l'attachant phoque commun.

Géologie

Les formations rocheuses des îles Mingan proviennent de sédiments marins qui, il y a de cela 250 millions d'années, furent propulsés au-dessus du niveau de la mer, avant d'être recouverts d'un manteau de glace de plusieurs kilomètres d'épaisseur. En fondant, les glaces dérivèrent, et c'est ainsi que les îles émergèrent de nouveau sur leur emplacement actuel, il y a 7 000 ans, formant d'impressionnants mono-lithes de pierre. Outre cet aspect fascinant, le climat et la mer ont favorisé le développement d'une flore rare et variée.

Il peut être intéressant, après deux ou trois jours passés en mer, de se la couler douce au retour. Au Gîte du Toutouïla, Valentine, la sympathique pro-priétaire d'origine française, propose quatre chaleureuses chambres à l'am-biance résolument maritime, au cœur du petit village de Magpie (15 km à l'ouest de Longue-Pointe-de-Mingan). Le petit déjeuner continental de Valentine est copieux et savoureux.

Pour s'y rendre

À partir de Québec, suivez la route 138 sur près de 850 km. C'est tout!

de Montréal: 14h

de Québec: 11h

Kayak de mer, camping

3 $$ – $$$$!!!!

Au fil du Saint-Laurent

Que diriez-vous de prendre quelques semaines de congé pour parcourir en kayak de mer la rive sud du fleuve Saint-Laurent jusque dans le golfe éponyme et la baie des Chaleurs, de La Pocatière jusqu'à Pointe-à-la-Croix?

Pensez-y

Comme la Route bleue est un itinéraire semi-organisé, vous devez avoir l'équipement et les connaissances nécessaires pour ce genre d'expédition. Vous pouvez aussi faire affaire avec des professionnels en tourisme d'aventure, mais cette option n'est valable que pour de courts ou moyens séjours, car aucune entreprise n'offre la possibilité de parcourir le Sentier maritime dans sa totalité ou sur une durée de plus de trois jours.

La Route bleue est un itinéraire semi-organisé qui parcourt la rive sud du fleuve Saint-Laurent, du Bas-du-Fleuve jusqu'en Gaspésie et la baie des Chaleurs. Ce sentier maritime offre donc 1 100 km de littoral et d'innombrables points de vue. De plus, près de 500 points de service mis sur pied par les amis de la Route bleue sont accessibles tous les 4 km ou 5 km, vous permettant ainsi de vous ravitailler, d'y passer la nuit en camping ou en gîte, ou tout simplement de vous y reposer un peu jusqu'à la reprise des efforts. Ces haltes sont toutes tenues par des commerçants ou des particuliers détenant une entente avec la Route bleue.

Le puissant et majestueux fleuve Saint-Laurent, plus important cours d'eau de l'Amérique du Nord à se jeter dans l'Atlantique, traverse le Québec sur plus d'un millier de kilomètres. Tirant sa source des Grands Lacs, le Saint-Laurent reçoit dans son cours les eaux de grands affluents tels que l'Outaouais, le Richelieu, le Saguenay et la Manicouagan. Principale voie de pénétration du territoire, le fleuve a depuis toujours été le pivot du développement du Québec, mais aussi un cours d'eau sacré pour les Amérindiens qui le nomment «le fleuve aux grandes eaux».

Les adresses

Sentier maritime du Saint-Laurent
4545 av. Pierre-De Coubertin
Montréal
514-252-3001
www.sentiermaritime.ca
www.rbse.ca

Les pieds dans l'eau

Canot, découverte culturelle, observation de la nature

2 **ÅÅ** **$$$** ***!!!***

Comme un Algonquin sur l'Harricana

Goûtez au ragoût typiquement amérindien et à la bannique le soir près du feu, après avoir passé la journée à pagayer sur la rivière Harricana en compagnie de guides autochtones, qui vous ont instruit sur la faune, la flore et les légendes liées à leur terre ancestrale.

Afin de découvrir le mode de vie des premiers habitants du territoire, les rendez-vous avec les Autochtones sont de plus en plus nombreux en Abitibi-Témiscamingue, entraînant les visiteurs sur les traces des Amérindiens en canot, en raquettes, en traîneau à chiens ou à motoneige. Abitibi8inni, la corporation de développement touristique des Algonquins de Pikogan, propose l'activité «Bercé par l'Harricana» selon des forfaits sur mesure pour une expédition sur la magnifique rivière Harricana. Les guides permettent aux participants d'expérimenter la vie amérindienne à l'époque des grandes expéditions en canot, en plus de leur donner l'occasion de goûter la cuisine traditionnelle et de dormir sous le tipi ou dans un camp aménagé. Il faut réserver au moins une semaine à l'avance, même plus si l'on demande un parcours sur mesure de trois jours. Cette aventure est hautement recommandée, si vous voulez mieux connaître la culture des premiers habitants du Québec. Splendide!

Le «8», en langue algonquine, se prononce «ou» en français. Les Algonquins de l'Harricana ont préservé leur nomadisme jusqu'en 1954, année où ils s'installent dans un lieu qu'ils baptisent Pikogan, mot d'origine algonquine qui signifie «tente de peaux». La chapelle du village retient l'attention par sa forme conique héritée du tipi.

Pensez-y

Apportez votre sac de couchage, un bon imperméable, des vêtements de rechange, votre curiosité et un appareil photo.

Les pieds dans l'eau

Au retour de l'expédition, à Amos, descendez à l'hôtel Amosphère, un établissement qui se qualifie d'éco-responsable et qui offre un hébergement de catégorie supérieure. En soirée, la salle à manger propose des spécialités de grillades et de fruits de mer.

Pour s'y rendre

À partir de Montréal, prenez l'autoroute 15 Nord puis la route 117, et traversez la réserve faunique de La Vérendrye jusqu'en Abitibi-Témiscamingue. Après Val-d'Or, bifurquez sur la route 109 Nord, et peu après la ville d'Amos, vous serez à Pikogan.

de Montréal: 7h

de Québec: 9h30

Canot-camping, observation de la nature

3 $$$$!!!!

La Vérendrye en canot-camping

Partez en canot vers les contrées éloignées de la plus grande réserve faunique du Québec, et passez facilement deux jours ou deux semaines loin de la civilisation, de ses villes et de sa frénésie, jusqu'à l'oublier...

Les possibilités de canot-camping dans la réserve faunique La Vérendrye sont loin d'être toutes explorées, mais quelques parcours marqués, entretenus et très agréables, sont proposés par un regroupement formé de la Sépaq et de la Fédération québécoise du canot et du kayak: Canot-camping La Vérendrye.

Un exemple de parcours magnifique est de suivre le cours de la rivière Chochocouane pendant cinq ou six jours sur environ 70 km. Le circuit est sauvage, mais comporte peu de difficultés techniques et permet de vous fondre dans la grande nature, même si vous n'êtes pas un pagayeur expérimenté. Il existe de superbes emplacements de camping le long de la rivière, dont celui d'un très beau seuil en aval du lac Rocau, composé de roches plates qui forment un merveilleux lieu de détente, et qui pourrait même vous inciter à prolonger votre séjour d'un jour ou deux, qui sait...

En se rendant en Abitibi-Témiscamingue ou dans les Laurentides par la route 117, on ne manque pas de croiser pendant quelques heures la réserve faunique La Vérendrye. Couvrant 13 615 km², la réserve représente le deuxième territoire naturel en importance au Québec. Le lieu est devenu, au fil des années, le paradis des amateurs de plein air. Ainsi, chaque été, de nombreux adeptes du canot, du canot-camping, de la pêche, et même des cyclistes et des vacanciers de villégiature (qui y garent leur véhicule motorisé ou y plantent leur tente), y affluent.

Canot-camping La Vérendrye propose aussi des cartes topographiques et des circuits (avec équipement) «prêts-à-canoter-camper», ainsi qu'une

Pensez-y

Le matériel nécessaire pour partir de manière autonome est considérable. Renseignez-vous sur le site Internet de Canot-camping La Vérendrye, ou téléphonez à la Fédération québécoise du canot et du kayak.

N'oubliez pas une bouteille de vin, un livre et un bon chasse-moustiques.

Les pieds dans l'eau

Les adresses

**Réserve faunique
La Vérendrye**
50 boul. Lamaque
Val-d'Or
819-435-2541 ou
800-665-6527
www.sepaq.com

**Canot-camping
La Vérendrye**
819-435-2331
www.canot-kayak.qc.ca/
la_verendrye/verendrye.
html

**Fédération québécoise
du canot et du kayak**
4545 av. Pierre-
De Coubertin
Montréal
514-252-3001
www.canot-kayak.qc.ca

boutique, située au Domaine (le point de ravitaillement au cœur de la réserve faunique), qui vend des repas déshydratés et des articles de plein air en quantité limitée. La location de tout le matériel nécessaire à votre expédition ainsi qu'un service de navette (si vous voulez éviter de conduire dans des chemins souvent en très mauvais état) y sont aussi disponibles. On peut aussi payer les droits d'accès (obligatoires) aux campings et à la réserve dans cette boutique.

Pour s'y rendre

À partir de Montréal, prenez l'autoroute 15 Nord puis la route 117 tout au long. Le centre de services est situé au Domaine, soit à 56 km de l'entrée Sud et à 127 km de l'entrée Nord de la réserve faunique La Vérendrye.

de Montréal: 5h

de Québec: 8h

Kayak de mer, randonnée pédestre, camping
3 $$$$$!!!!

Aventure nordique à l'Eau Claire

Si vous pensiez avoir tout vu des richesses qu'offre la nature québécoise, détrompez-vous! Les cratères jumeaux du lac à l'Eau Claire, dans le nord du Québec, forment le deuxième lac naturel en importance au Québec, et un terrain de jeu époustouflant. Ici, la nature décide.

Le forfait de sept jours proposé par Matagami DMO, en collaboration avec la Pourvoirie Mirage, offre une foule d'activités associées à ce lac lointain aux eaux profondes et poissonneuses. Le périple débute à l'Auberge Mirage, sur la route Transtaïga, où vous dormirez dans un confortable chalet. Le lendemain, vous serez appelé à vous envoler durant 2h à bord d'un hydravion jusqu'au lac à l'Eau Claire, qui vous servira de base d'opération pendant cinq jours. Au cours de vos excursions en kayak de mer, vous pagaierez vers les îles qui se dressent au milieu du lac, pourvues de petites montagnes dont vous gravirez les sommets jusqu'aux hauts plateaux, d'où la vue marquera votre esprit à jamais.

Respectivement de 32 km et 22 km de diamètre, et de 103 m et 178 m de profondeur, les deux cratères du lac à l'Eau Claire existent depuis 290 millions d'années à la suite d'un impact météoritique. Le lieu a été découvert par George Atkinson en 1818, alors en mission pour la Compagnie de la Baie d'Hudson. Peu de gens ont le mérite d'avoir foulé ses rives, sauf peut-être vous!

Le séjour se passe tranquillement, selon les aptitudes de chacun. C'est pourquoi le niveau d'effort est modéré, et ceux qui veulent vivre une aventure nordique hors du commun peuvent très bien y participer.

Pensez-y

Sachez que le forfait comprend tout ce dont vous pourriez avoir besoin, de l'encadrement professionnel à l'équipement technique et de la fourchette au drap douillet. Le seul bémol est que le forfait n'est disponible qu'une fois par année, vers la fin juillet. À vous de saisir votre chance!

Apportez vos effets personnels et médicaments, sans oublier, bien entendu, votre appareil photo!

Choisissez des vêtements préférablement chauds, car même en juillet, la température peut descendre près de zéro.

Comme le transport jusqu'à l'Auberge Mirage n'est pas inclus dans le forfait, vous pouvez vous rendre à Radisson en avion au départ de Montréal avec Air Inuit, et ensuite monter à bord d'une des voitures de Taxi Radisson pour vous rendre à destination.

Les pieds dans l'eau

Les adresses

Matagami DMO
100 place du Commerce
Matagami
819-739-4566
www.matagami.com

Pourvoirie Mirage
99 5ᵉ Avenue E.
La Sarre
819-339-3150 ou
866-339-6202
www.pourvoiriemirage.com

Air Inuit
800-361-2965
www.airinuit.com

Taxi Radisson
2 rue Iberville
Radisson
819-638-8866

Et si vous croyez qu'une telle aventure est dénuée de confort, rétractez vos dires! Les services d'hébergement et de restauration de l'Auberge Mirage et du camp du lac à l'Eau Claire de la pourvoirie sont probablement les meilleurs dans le nord du Québec.

Pour s'y rendre

À partir de Montréal, prenez l'autoroute 15 Nord puis la route 117, traversez l'Abitibi-Témiscamingue et suivez la route de la Baie-James jusqu'à Radisson, où vous bifurquerez sur la route Transtaïga, la route la plus «reculée» du Québec! L'Auberge Mirage est située au Km 358, et à 1 680 km de Montréal!

de Montréal: 24h

de Québec: 25h

Motoneige
🏨 $$$$$!!!

Le lac Taureau
à motoneige

Contournez le lac Taureau aux commandes d'un bolide sur chenilles, en passant par des prés enneigés, des forêts de pins croulant sous l'accumulation des flocons et sur la surface gelée des lacs et des rivières.

Véritable temple de la motoneige, l'Auberge CanadAventure, avec son pendant, l'organisateur de forfaits motoneigistes, vous propose d'intenses séjours dans la forêt de Lanaudière et de la Mauricie. Même le forfait d'initiation à la motoneige compte quatre jours!

Vous traverserez la réserve faunique Mastigouche et contournerez l'immense lac Taureau et ses 500 km de rives en franchissant le barrage Mattawin. Le rythme est généralement tranquille, mais vous parcourrez tout de même, lors de la première journée, 150 km! Par les lacs de la région, vous atteindrez Manawan, une communauté amérindienne où vous prendrez un repas chez la sympathique Elizabeth Newashish, avant de filer vers l'est jusqu'au relais de la Pourvoirie du Repos. Lacs, forêts, nature et près de 400 km en motoneige: une évasion à coup sûr!

L'Auberge CanadAventure, située à 25 km au nord de Saint-Michel-des-Saints, au bord du lac Taureau, est construite en pin blanc et organise toutes sortes d'activités. Les chambres sont belles et chaleureuses, avec leur plancher de bois franc. Essayez le sauna en bois construit sous la terre. Si Jonas a connu le ventre de la baleine, ce sauna vous donnera l'impression d'être dans le ventre d'un ours!

Les pieds dans la neige

Pensez-y

Le séjour comprend les repas, l'hébergement, la motoneige et l'équipement nécessaire à l'expédition.

Habillez-vous chaudement!

Les adresses

Auberge CanadAventure
St-Michel-des-Saints
819-833-1478
www.canadaventure.net

Pour s'y rendre

À partir de Montréal, prenez l'autoroute 40 Est jusqu'à la sortie pour Joliette. Prenez ensuite l'autoroute 31 puis la route 131 (ch. Barrette), et suivez-la jusqu'à St-Michel-des-Saints.

de Montréal: 3h

de Québec: 4h

Traîneau à chiens, raquette

🎽 3 🏃 $$$$$!!!

L'aventure boréale

Vivez une semaine au cœur de la forêt boréale. Parmi vos compagnons d'ex-cursion, de fidèles chiens qui ne rechignent pas à l'effort. Des rangées d'ar-bres sur les centaines de kilomètres que vous croiserez: la nature sauvage et vaste.

Attractions Boréales organise des séjours dans la forêt boréale variant de quelques heures de traîneau à 12 jours en autonomie au cœur du Québec vraiment sauvage et profond. Le raid Chamane, d'une durée de six jours et sept nuits, vous mène loin dans la forêt, avec votre propre attelage. Le long des pistes perdues, qui passent sur des lacs gelés ou de longues plaines enneigées, vous n'entendrez, pendant cinq ou six heures par jour, que le halètement des chiens, et votre regard se perdra dans l'immensité blanche.

Pensez-y

Tout est inclus dans le prix: des repas à l'équipement et des vêtements pour le grand froid au transport de Québec à Girardville.

Les pieds dans la neige

Pensez-y

N'oubliez pas vos vêtements chauds. Les sous-vêtements techniques qui collent à la peau sont généralement chauds et le restent même une fois humides: ils peuvent donc s'avérer très pratiques.

Certaines nuits, on dort dans des tentes de prospecteur avec chauffage au bois ou dans un camp de bois rond, selon les conditions météo. Notez que vous participerez toujours aux tâches quotidiennes, que ce soit pour installer ou nourrir les chiens ou être de corvée pour aller chercher du bois pour le feu.

Les repas, tous inclus dans le forfait, sont préparés par le guide et *musher* (meneur de chiens) en chef, et sont constitués d'un menu typiquement québécois, et totalement satisfaisant. La cuisine passe allègrement de la tourtière au ragoût.

C'est la vraie vie dans les bois, comme l'ont expérimentée les trappeurs il y a longtemps.

Les adresses

Attractions Boréales
16 ch. du Lac-Pelletier
Girardville
418-679-6946
www.attractionsboreales.
com

Pour s'y rendre

À partir de Québec, prenez l'autoroute 73 Nord puis la route 175 jusqu'à la route 169, que vous suivrez jusqu'à Alma et qui ensuite fait le tour du lac Saint-Jean pour vous mener à Albanel. De là, prenez le 5ᵉ Rang jusqu'à Girardville.

de Montréal: 7h

de Québec: 4h

Ski de haute route, télémark

3 $$$$$!!!!

Le ski dans sa forme la plus pure

Dans la blancheur intégrale des Chic-Chocs en hiver, dévalez les pentes enneigées de poudreuse en télémark ou en skis de haute route, dans des secteurs si reculés que vous serez la seule personne à des milles à la ronde!

Destination par excellence de la glisse hors-piste dans l'est de l'Amérique du Nord, les Chic-Chocs s'offrent aux skieurs, télémarkistes et planchistes de la mi-janvier à la fin avril. Les guides de l'entreprise Vertigo-Aventure, formés dans la prévention des risques d'avalanche, vous proposent des journées de ski inoubliables.

Le secteur du mont Blanc, situé dans la réserve faunique de Matane, offre un domaine skiable fantastique, réparti sur plusieurs versants des monts Blanc, Craggy et Pointu. La qualité de la neige est la meilleure qu'on puisse trouver dans les Chic-Chocs, et le risque d'avalanche y est également plus faible. La diversité des pentes satisfera tous les groupes pendant plusieurs jours, que vous soyez débutant ou expert en hors-piste, skieur alpin, télémarkiste ou planchiste. La proximité des pentes par rapport au camp de base permet de faire de quatre à huit descentes de 150 m à 400 m de dénivelé par jour, selon votre condition physique et vos habiletés. Les possibilités de descentes en sous-bois ouverts sont illimitées, et de beaux champs de neige sont également accessibles lorsque les conditions sont propices.

Le parcours de 1h30 en autoneige et le campement établi par Vertigo garantissent la quasi-exclusivité de la jouissance du mont Blanc. Durant quatre années d'activité, l'entreprise n'a observé de traces autres que celles laissées par les groupes de skieurs ou par les orignaux. L'impression de vivre une aventure exclusive est très forte à cause de l'isolement du secteur.

En soirée, une yourte vous accueille pour les repas et l'après-ski! La nuitée a lieu dans une tente de prospecteur isolée et chauffée au bois, avec un plancher de bois et de bons matelas.

Pensez-y

Apportez tout votre équipement de glisse, mais si vous n'avez pas de skis hors-piste, sachez que l'entreprise offre la location d'équipement technique.

Un bon sac de couchage et de bons vêtements chauds sont requis.

Une bonne bouteille de vin pour la soirée serait tout à fait appropriée.

Les pieds dans la neige

Les adresses

Vertigo-Aventures
2814 rang 4 E.
St-Ulric
418-737-4983
www.vertigo-aventures.
com

**Réserve faunique
de Matane**
257 rue St-Jérôme
Matane
418-562-3700 ou
800-665-6527
www.sepaq.com

Pour s'y rendre

À partir de Québec, prenez l'autoroute 20 Est puis la route 132 jusqu'à St-Ulric.

de Montréal: 7h30

de Québec: 5h

Motoneige, raquette, observation de la nature, pêche

2 ⚐ · $$$$$ *!!!*

Safari au caribou en motoneige

Il y a ceux qui veulent pêcher des poissons immenses dans une région sauvage. D'autres rêvent de chasser le caribou dans la taïga ou de l'observer pendant un safari-photo en motoneige. Certains souhaitent passer les vacances familiales de leur vie en louant un chalet confortable au bout du monde.

La Pourvoirie Mirage a élaboré quelques forfaits extrêmement séduisants qui rendent tous ces rêves possibles. Parmi ceux-ci, le forfait de safari-photo au caribou permet un contact authentique et sans aucun compromis avec la nature du vaste Grand Nord québécois. En effet, les caribous migrateurs du nord du Québec se retrouvent dans les environs de l'Auberge Mirage du mois de novembre jusqu'au mois d'avril. Une fois la saison de chasse terminée, soit après le 15 février de chaque année, parcourez, aux commandes d'une motoneige, les immenses territoires nordiques à la recherche de traces de pas ou de signes de vie dans une contrée qui en est de moins en moins pourvue au fur et à mesure qu'elle s'étend plus au nord. Vous pouvez partir de l'auberge chaque jour ou, mieux encore, choisir un itinéraire vous permettant d'aller d'un refuge à l'autre.

Le lieu étant accessible par avion, la durée moyenne d'un séjour à l'Auberge Mirage est d'une semaine, mais les possibilités d'activités ne manquent pas. Que vous soyez tenté par la motoneige, la raquette ou le ski de randonnée pour découvrir les richesses de la nature environnante, le lieu saura inévitablement réveiller l'aventurier en vous.

La Pourvoirie Mirage offre aussi en location quelques petits chalets à quelques kilomètres de l'auberge et d'autres à une plus grande distance vers le nord.

Pensez-y

Munissez-vous de vos vêtements les plus chauds.

Tout le reste est compris dans la pension complète.

Les adresses

Pourvoirie Mirage
99 5ᵉ Avenue E.
La Sarre
819-339-3150 ou
866-339-6202
www.pourvoiriemirage.com

Les pieds dans la neige

Liste des activités classées par régions

Cantons-de-l'Est

Charlevoix

Mauricie

Montérégie

Montréal

Région de Québec

Canot	Parc national de la Jacques-Cartier 108
Canyonisme	Canyon Sainte-Anne 78
Descente de rivière	Parc national de la Jacques-Cartier 108
	Rivière Secrète 107
Glissade	Village Vacances Valcartier 145
Patin	Village Vacances Valcartier 145
Pêche	Parc national de la Jacques-Cartier 108
Randonnée pédestre	Canyon Sainte-Anne 78
	Parc national de la Jacques-Cartier 108
Raquette	**Camp Mercier** 216
	Parc national de la Jacques-Cartier 108
	Station touristique Duchesnay 214
Ski alpin	Mont-Sainte-Anne 141
Ski de fond	**Camp Mercier** 216
	Mont-Sainte-Anne 141
	Parc national de la Jacques-Cartier 108
	Station touristique Duchesnay 214
Tyrolienne	Canyon Sainte-Anne 78
Vélo	Écolo Cyclo 128
Vélo de montagne	Mont-Sainte-Anne 141
Vélo de randonnée	**Vélopiste Jacques-Cartier/Portneuf** 207
Via ferrata	Canyon Sainte-Anne 78

Saguenay–Lac-Saint-Jean

Baignade	Parc national de la Pointe-Taillon 184
Descente de rivière	Aventuraid 242
Escalade	Centre Boréal du Saint-Laurent 80
Kayak de mer	**Fjord en kayak** 182
	Parc Aventures Cap Jaseux 186
	Parc national de la Pointe-Taillon 184
Observation de la nature	Centre Boréal du Saint-Laurent 80
	Parc national du Saguenay 226
	Zoo sauvage de Saint-Félicien 52
Parcours aérien d'aventure	**Parc Aventures Cap Jaseux** 186
Promenade	Zoo sauvage de Saint-Félicien 52
Randonnée pédestre	**Parc national de la Pointe-Taillon** 184
Raquette	Attractions Boréales 256
	Parc national des Monts-Valin 218
	Parc national du Saguenay 226
Ski de fond	**Parc national des Monts-Valin** 218
Ski hors-piste	**Parc national des Monts-Valin** 218
Traîneau à chiens	Attractions Boréales 256
Tyrolienne	Centre Boréal du Saint-Laurent 80
Vélo	**Parc national de la Pointe-Taillon** 184
Vélo de route	**Véloroute des Bleuets** 208
Via ferrata	Centre Boréal du Saint-Laurent 80
Voile	**Parc Aventures Cap Jaseux** 186

Index des activités

Crédits photographiques

Tous les moyens possibles ont été pris pour que les renseignements contenus dans ce guide soient exacts au moment de mettre sous presse. Toutefois, des erreurs peuvent toujours se glisser, des omissions sont toujours possibles, des adresses peuvent disparaître, etc., la responsabilité de l'éditeur ou des auteurs ne pourrait s'engager en cas de perte ou de dommage qui serait causé par une erreur ou une omission.

Nous apprécions au plus haut point vos commentaires, précisions et suggestions, qui permettent l'amélioration constante de nos publications. Il nous fera plaisir d'offrir un de nos guides aux auteurs des meilleures contributions. Écrivez-nous à l'une des adresses suivantes, et indiquez le titre qu'il vous plairait de recevoir.

Nos bureaux

Canada: Guides de voyage Ulysse, 4176, rue Saint-Denis, Montréal (Québec) H2W 2M5, ☎514-843-9447, fax. 514-843-9448, info@ulysse.ca, www.guidesulysse.com
Europe: Guides de voyage Ulysse sarl, 127, rue Amelot, 75011 Paris, France, ☎01 43 38 89 50, voyage@ulysse.ca, www.guidesulysse.com

Nos distributeurs

Canada: Guides de voyage Ulysse, 4176, rue Saint-Denis, Montréal (Québec) H2W 2M5, ☎514-843-9882, poste 2232, fax. 514-843-9448, info@ulysse.ca, www.guidesulysse.com
Belgique: Interforum Benelux, Fond Jean-Pâques, 6, 1348 Louvain-la-Neuve, ☎010 42 03 30, fax: 010 42 03 52
France: Interforum, 3, allée de la Seine, 94854 Ivry-sur-Seine Cedex, ☎01 49 59 10 10, fax: 01 49 59 10 72
Suisse: Interforum Suisse, ☎(26) 460 80 60, fax. (26) 460 80 68

Pour tout autre pays, contactez les Guides de voyage Ulysse (Montréal)